111 Gründe, seinen Garten zu lieben

W0049721

Nancy Arrowsmith

111 Gründe, seinen
GARTEN
zu lieben

Ein Loblied auf ein
kleines Stück vom Paradies

SCHWARZKOPF & SCHWARZKOPF

INHALT

KAPITEL 1

Weil er uns daran erinnert, im Rhythmus der Natur zu leben | Weil man mit Pflanzen in so angenehmer Gesellschaft ist | Weil er eine der letzten kabelfreien Zonen ist | Weil der Garten manchmal die letzte Rettung für den Familienfrieden ist | Weil Wasser ihn erst zur Oase macht | Weil er uns Geduld lehrt | Weil er unsere Geduld am Ende ganz reich belohnt ... | Weil unsere Gedanken dort zur Ruhe kommen können | Weil für Ihr Gartenrefugium nicht jedes Grundstück das richtige ist | Weil es in Ihrem Garten Eden keine Sünde gibt

KAPITEL 2

Weil im Garten jeder Tag zum Abenteuer wird | Weil Sie dort keine Fitnessfreaks ertragen müssen | Weil Urlaub auf Balkonien einfach Spaß macht | Weil Gärten die schönsten Esszimmer sind | Weil fitnessmäßig jeder anders unterwegs ist | Weil Gartenarbeit ein Kalorienkiller ist | Weil Gartenarbeit auch für eingerostete Sportler genau das Richtige ist | Weil Kinder im Garten noch Kinder sein können | Weil Gärten ein Familienprojekt sein können | Weil man nicht immer gleich in der Wildnis zelten muss

KAPITEL 3

Weil Obstbäume das Leben versüßen | Weil dort 111 unbekannte Geschmackserlebnisse auf Sie warten | Weil kalt gerührte Marmeladen so gesund sind | Weil ich nichts leckerer finde als Kauli | Weil er der Tiefkühltruhe eine ganz neue Bedeutung verleiht | Weil nichts über den Geschmack frischer Beeren geht | Weil Sie Ihre Obsternte mit dem Dörr-

apparat zuckerfrei konservieren können | *Weil seine Früchte mit der richtigen Methode monatelang gelagert werden können* | *Weil es die besten Gelees nicht im Supermarkt, dafür aber in Ihrem Garten gibt* | *Weil Obstler der bessere Schnaps ist*

garten sein muss | Weil Staudengärten länger Freude bereiten | Weil es so leicht ist, seinen Garten barrierefrei zu gestalten | Weil Apothekergärten so lehrreich sind | Weil ein Garten auch ohne viel Arbeit gedeihen kann | Weil man sich nicht entscheiden muss | Weil Bauerngärten wieder im Kommen sind

Weil er wie eine mehrdimensionale Leinwand ist | Weil Protest auch farbenfroh sein kann | Weil ein wildes Blütenmeer so inspirierend ist | Weil es kein schöneres Kunstwerk als einen Schmetterlingshimmel gibt | Weil man mit Blumen so farbenfrohe »Bilder« malen kann | Weil das Spannungsverhältnis Wildnis und Zivilisation so aufregend ist | Weil zu jedem Bild auch ein Rahmen gehört | Weil Kinder einen Ort brauchen, an dem sich ihre Fantasie entfalten kann | Weil er die Poesie in uns weckt | Weil Barbarazweige den Winter verzaubern

**Für alle, die sich auf das
Abenteuer Gärtnern einlassen**

Weise gehen in den Garten

Vorwort

Jetzt mal ehrlich: Vom Gärtnern schwärmen meistens nur alte Damen im Stil von Miss Marple, die sich noch im selben Atemzug darüber beschweren, dass ihnen Arthrose und Rückenschmerzen zu schaffen machen und sie erst kürzlich einen Hexenschuss hatten, ganz zu schweigen von den Schwielen an den Händen und den ständigen Hühneraugen...

Klingt nicht eben verlockend – aber trotzdem leben in Deutschland geschätzte sieben Millionen Hobbygärtner, die 26 Milliarden Euro im Jahr für ein eher fragwürdiges Freizeit-»vergnügen« ausgeben, das zum größten Teil darin besteht, im Dreck zu wühlen.

Worin nur besteht der Zauber des Gärtnerns? Der tschechische Schriftsteller Karel Čapek behauptete einst sogar, das Gärtnern sei ein Virus, der durch die Erde in die Hände eindringt und sich von da aus im ganzen Körper ausbreitet.

Schon etwas verlockender klingt da die Erklärung des indischen Dichters Rabindranath Tagore, der folgende gewagte These aufstellte: *Narren hasten, Kluge warten, Weise gehen in den Garten.*

Der Garten ist ein Mikrokosmos, eine kleine Oase, ein Hort relativer Diktatur, an dem man sich mit etwas Geduld und Sorgfalt wenigstens ansatzweise als Alleinherrscher fühlen kann. Nach einer Arbeitswoche zwischen nervtötenden Kunden, cholerischen Chefs und inkompetenten Kollegen kann man hier wenigstens ein kleines Stück Welt in Ordnung bringen. Aufgestaute Aggressionen versickern in umgegrabener Erde, Ungeduld verpufft beim Unkrautjäten, und bei Geldnöten kann man sich immerhin einreden, dass man dank der Gemüsebeete nicht verhungern wird. An besonders schlechten Tagen dient so ein Garten einfallsreichen Zeitgenossen außerdem als prima Projektionsfläche für Allmachtsfantasien der eher düsteren Art: Warum nicht eine Eisenhut-Zucht aufmachen und unliebsame Mitmenschen heimlich vergiften?!

Aber natürlich bedeutet ein Garten mehr als nur Arbeit. Fauler Tag? Ab in den Garten, wo bestenfalls eine Hängematte aufgespannt ist, von der aus man sich die Früchte vergangener Mühen ansehen und ordentlich stolz auf die eigene Leistung sein kann. Denn, und da würde mir Rabindranath Tagore sicherlich zustimmen: Auch Müßiggang ist eine nicht zu verachtende Quelle für Geistesblitze.

Wer Weisheit sucht, ist im Garten also bestens aufgehoben und findet zwischen Blumenrabatten, Komposthaufen und Geräteschuppen mit Sicherheit die eine oder andere Lösung für scheinbar unlösbare Probleme.

Mein ganz persönlicher Grund ...

Weil ich mich dort für eine Stunde pro Tag in dem Traum verlieren kann, dass die Welt so ist, wie ich sie gern hätte.

Kein Telefongeklingel, keine E-Mails. Keine Familiensorgen, keine Wäschestapel, die zusammengelegt werden wollen. Niemand, der etwas von mir erwartet. Keine Finanzkrise, keine Geldsorgen, keine Politik ... Draußen im Garten gibt es nur mich und das Wetter, die Pflanzen und Tiere, und ab und zu vielleicht sogar mal einen Menschen, der mich besucht.

Klar, auch im Garten gibt es eine Menge zu tun – aber niemand zwingt mich dazu. Die Gartenarbeit tickt genauso wie meine innere Uhr. Sie lässt sich an meine Stimmung, meine körperliche Verfassung und das Wetter anpassen. Und wenn ich mal nicht schaffe, was ich mir vorgenommen habe, dann – Wunder über Wunder! – gerät die Welt trotzdem nicht gleich aus den Fugen.

Im modernen Alltag gibt es kaum noch praktische Arbeiten zu verrichten, die nach einem einfachen Ursache-Wirkung-Prinzip verlaufen. Ich verdiene mehr Geld, wenn ich über das Gärtnern schreibe, als wenn ich Gemüse anbaue und verkaufe. Und wenn ich anstelle eines Buches eine Fernsehshow entwickle, verdiene ich sogar noch mehr. Am meisten würde ich verdienen, wenn ich gar nicht an der Show mitwirken, sondern sie nur produzieren würde. Um es kurz zu machen: Je weiter man sich heutzutage von praktischen Tätigkeiten entfernt, desto höher fällt die Belohnung aus. In dieser auf den Kopf gestellten Welt bedeutet das Gärtnern für mich eine willkommene Abwechslung und eine Möglichkeit zur Besinnung auf meine wahren Wurzeln. Denn die Gartenarbeit folgt einer ganz einfachen Logik, wie wir sie von der Komplexität des Berufslebens 2.0 gar nicht mehr gewohnt sind: Wenn ich meine Salatpflanzen nicht rechtzeitig aussetze, gibt es ein paar Monate später keinen Salat zu essen, und damit basta. Wenn ich das Düngen vergesse, bleibt das Gemüse klein. Wenn ich nicht genug gieße, gehen die Pflanzen ein. Aber wenn ich alles auch nur halbwegs richtig mache, werde ich mit einer dicken Ernte für meine Arbeit belohnt.

Draußen im Garten kann ich mich und all meine Probleme vollkommen außen vor lassen. Ich bin nicht sonderlich sportlich, aber beim Gärtnern vergesse ich alle Wehwehchen und bemerke nicht mal, dass ich mich körperlich betätige. Manchmal erwische ich mich auch dabei, wie ich mit mir selbst rede und dabei ganz plötzlich auf Lösungen für Probleme komme, die mich schon lange beschäftigen. Die Zeit verfliegt, und irgendwann stelle ich fest, dass ich müde, schmutzig, hungrig und durstig bin. Dass mein Rücken ein bisschen wehtut und meine Knie sogar ein bisschen mehr. Dass ich aber trotzdem stolz darauf bin, was ich geschafft habe. Kein Bürojob der Welt hat mir jemals diesen Zustand zufriedener Erschöpfung schenken können, der einhergeht mit körperlicher Arbeit und dem Gefühl, sich selbst in einer Tätigkeit zu verlieren.

1

DER GARTEN ALS OASE

Weil er uns daran erinnert,
im Rhythmus der Natur zu leben

Pflanzen können gar nicht anders: Sie folgen dem Jahreslauf so sicher und verlässlich wie das Amen in der Kirche. Bei uns Menschen sieht das schon anders aus, jedenfalls heutzutage. Wer tagaus, tagein in einem miefigen Büro sitzt, das im schlimmsten Fall auch noch mit einer Klimaanlage ausgestattet ist, könnte manchmal glatt vergessen, was vor der Tür gerade für eine Jahreszeit herrscht.

Und dabei ist es so wohltuend und beruhigend festzustellen, dass die Pflanzen dort draußen trotz aller Wetterkapriolen, die die Welt in letzter Zeit gebeutelt haben, noch immer derselben natürlichen Ordnung folgen wie vor hundert Jahren. So unzuverlässig und albern wir die alten Bauernregeln heutzutage auch finden mögen: Die Rosen blühen tatsächlich nie vor den Narzissen, und die Eiche treibt erst nach der Weidenblüte Knospen.

Wie so vieles andere auch ist die Beobachtung von Pflanzen und ihren Wachstumsgewohnheiten und -abläufen zu einer regelrechten Wissenschaft geworden. Die Beobachtung im Jahreslauf wiederkehrender Naturphänomene wird als Phänologie bezeichnet, also als »Lehre des Erscheinens« – nicht zu verwechseln mit der Phänomenologie, die von Edmund Husserl geprägt wurde und keinen praktischen Nutzen im Garten hat.

Anhand des ausgesprochen präzisen phänologischen Kalenders lässt sich durch die Beobachtung der Wachstumsreihenfolge verschiedener Pflanzen innerhalb eines Jahres ganz leicht bestimmen, welche gärtnerischen Tätigkeiten gerade durchgeführt werden sollten. Während ältere Gartenbücher noch Anweisungen à la »Pflanzen Sie X im Februar, schneiden Sie die Bäume im März zurück und rechen Sie im November das Laub zusammen« enthalten, nimmt der phänologische Kalender auf das individuelle Wetter Rücksicht. Denn was helfen schon allgemeine Regeln in einem Ausnahmejahr, in dem man im März bereits in der Sonne brutzelt und im November arktische Winde durch die Straßen pfeifen?

Laut phänologischem Kalender unterteilt sich das Jahr in zehn genau begrenzte Jahreszeiten:

Vorfrühling: Haselnussblüte oder Schneeglöckchenblüte
Erstfrühling: Forsythienblüte oder Austreiben der Stachelbeere
Vollfrühling : Apfelblüte oder Austreiben der der Stieleiche
Frühsommer: Blüte des Schwarzen Holunders
Hochsommer: Blüte der Sommerlinde oder Johannisbeerreife
Spätsommer: Klarapfel- oder Ebereschenreife
Frühherbst: Schwarze Holunderbeeren reifen
Vollherbst: Stieleicheln oder Rosskastanien reifen
Spätherbst: Blattverfärbung von Stieleiche oder Rosskastanie
Winter: Blattfall von spätreifendem Apfel oder Stieleiche

Je nach Klimagebiet gibt es natürlich unterschiedliche sogenannte Zeigerpflanzen, aber sie alle folgen einer spezifischen Reihenfolge.

Wenn Sie Ihre Gartenarbeit koordinieren wollen, stellt der phänologische Kalender eine naturgebundenere und gleichzeitig präzisere Erinnerungshilfe dar als alle Ratgeberbücher zusammen. Er rät uns beispielsweise nicht dazu, die ersten Aussaaten Punkt Ende Februar vorzunehmen, sondern dann, wenn die Forsythien blühen, also im Erstfrühling. Die Zweijährigen werden ab Frühsommer bis in den Hochsommer hinein ausgesät, wenn der Holler blüht. Rosen pflanzt man, sobald sich das Rosskastanienlaub verfärbt, und wenn die schwarzen Holunderbeeren reifen, ist es an der Zeit, Birnen und Zwetschgen zu ernten. Wenn

Sie erst einmal die phänologischen Zeigerpflanzen und Abläufe für Ihre Heimatgegend entdeckt haben, können Sie sich von den Pflanzen selbst durch die Jahreszeiten und das Gartenjahr führen lassen. Sie werden staunen, wie viel Seelenruhe es schenkt, im Rhythmus der Natur zu leben.

Weil man mit Pflanzen in so angenehmer Gesellschaft ist

Einer meiner persönlichsten und wichtigsten Gründe dafür, warum ich mich so gern im Garten aufhalte, sind die Pflanzen. Ich mag sie einfach, genauso, wie man manche Menschen besonders liebenswürdig findet. Und ich bilde mir ein, dass Pflanzen mich ebenfalls gern in ihrer Nähe haben.

Wahrscheinlich sind es ihre unglaubliche Vielfalt und die unbändige Lebensfreude, die sie mir so sympathisch machen. Pflanzen sprießen einfach so an den unmöglichsten Stellen aus dem Boden, in den verschiedensten Formen, Größen und Farben, ohne sich darum zu scheren, was irgendjemand davon halten könnte. So viel Unbekümmertheit steckt mich an und macht mich glücklich.

Aber auch abgesehen von ihrem Aussehen und ihren wilden Wachstumsgewohnheiten sind Pflanzen ausgesprochen freundliche Gefährten: Sie widersprechen nicht und haben es gern friedlich – außer ein paar Zweige attackieren mich und meine Haare, oder einige Kletten verlieben sich Hals über Kopf in meine Wollsocken.

Pflanzen kosten das Leben voll aus. Sie sind einfach da – manche nicht für lange Zeit, dafür aber oft umso intensiver.

Wenn ich im Garten bin, fühle ich mich in mancherlei Hinsicht fast so, als wäre ich selbst eine Pflanze – und manchmal macht das das Menschsein leichter.

Weil er eine der letzten
kabelfreien Zonen ist

Ständige Erreichbarkeit gehört in Zeiten des Web 2.0 ja fast schon zum guten Ton. Und weil wir alle gern höflich sein wollen, merken wir nicht mal, dass wir mittlerweile schlichtweg süchtig nach unseren technischen Geräten sind. Gleich nach dem Aufstehen, ehe wir uns überhaupt den Schlaf aus den Augen gerieben haben, wird der Laptop hochgefahren. Das Handy lag ja sowieso auf dem Nachttisch (es könnte ja mitten in der Nacht die Welt untergehen, was wir ohne Mobiltelefon überhaupt nicht mitbekommen würden). Der Rechner brummelt, das Smartphone summt, das iPad bimmelt. Wenn wir uns mit Freunden treffen, verbringen wir mehr Zeit im Internet als mit Gesprächen, und selbst bei Erholungsspaziergängen tragen wir ein Knöpfchen im Ohr und sehen so aus, als würden wir Selbstgespräche führen. Vor zwanzig Jahren wären wir für solches Verhalten wahrscheinlich in der Psychiatrie gelandet, mittlerweile gilt man eher als verrückt, wenn man kein Handy besitzt.

Gesund dürfte es nicht unbedingt sein, dass wir uns rund um die Uhr allen möglichen Schwingungen und Strahlungen aussetzen. Aber viel schlimmer ist das Problem, dass wir kaum mehr zur Ruhe kommen. Solange die Lichter an unserem technischen Schnickschnack blinken, sind wir innerlich immer auf dem Sprung. Und wenn uns doch mal langweilig wird, dann beschäftigen wir uns nicht etwa mit uns selbst, sondern recherchieren lieber stundenlang im Internet zu so lebensverändernden Themen wie dem Paarungsverhalten von Koalabären oder dem Wohnungsmarkt auf den Kapverden.

Zu Hause, im Auto, im Zug, im Flugzeug: Kaum eine Stunde vergeht, in der wir nicht ein paar sinnlose SMS verschicken

(»Schatz, in zwei Minuten bin ich zu Hause«), telefonieren (»Schatz, jetzt ist es nur noch eine Minute«) und sinnentleerte Chatnachrichten mit unseren Onlinebekanntschaften austauschen (pupu21@coolharry77: lol *grins*). Wir twittern, bloggen, posten, liken, was das Zeug hält, nur aus Angst, wir könnten irgendetwas verpassen – und verpassen dabei manchmal uns selbst.

Moderne Wellness-Gurus raten mittlerweile schon zum »Digitalfasten«: Mindestens einen Tag die Woche soll man auf technische Geräte verzichten, um sein inneres Gleichgewicht wenigstens ansatzweise wiederherzustellen und seine Verbindung zur »natürlichen« Welt da draußen nicht zu verlieren.

Aber wenn man nicht gerade im Urlaub in Kambodscha ist, gestaltet sich die Technik-Abstinenz viel schwieriger als gedacht. Beruflich sind wir abhängig von unseren Kommunikationsmedien, weswegen ein Fastentag unter der Woche einfach nicht infrage kommt. Bleibt noch das Wochenende, aber selbst da wird man schnell zum Fastenbrecher: Für die Kinder will man ja schließlich doch gern erreichbar sein, und außerdem hat man am Sonntag zum ersten Mal Zeit, nach günstigen Flügen für den nächsten Griechenlandurlaub zu suchen, und dann sind doch auch noch ein paar Online-Überweisungen fällig, und … das war's dann mit den guten Vorsätzen. Schon schwimmen wir wieder mit dem digitalen Strom und merken gar nicht, dass wir dabei wegpaddeln vom Hier und Jetzt.

In schweren Fällen von Online-Sucht gibt es nichts Heilsameres als einen Garten. Lassen Sie Telefon, Handy und Laptop einfach im Haus und flüchten Sie schon am frühen Morgen in die freie Natur. Im Garten gibt es eine ganze Menge Ablenkungsmöglichkeiten, die Sie schnell vergessen lassen, dass Sie gerade einen wichtigen Anruf verpassen könnten, und im sanften Morgenlicht kommen einem die Vorzüge des Internets plötzlich gar nicht mehr so attraktiv vor. Hier können Sie sich wenigstens ein paar Stunden lang von der ständigen Erreichbarkeit entwöhnen und den inneren Frieden finden, den uns die Dauervernetztheit manchmal ganz schleichend raubt. Es spielt überhaupt keine Rolle, was genau Sie im Garten so treiben. Ob Sie Blumen pflücken, Steinplatten verlegen oder Tai-Chi praktizieren, ist völlig nebensächlich. Hauptsache, Sie lassen Ihr technisches Spielzeug zu Hause.

Probieren Sie es einfach mal aus: Verkriechen Sie sich im Garten, wenn Sie sich überfordert fühlen, und schicken Sie die moderne Kommunikationstechnologie für einen halben Tag zum Teufel. Ignorieren Sie E-Mails, Nachrichten, Anrufe. Und dann, ganz plötzlich, werden Sie vielleicht sogar feststellen, dass unsere ständige Erreichbarkeit in vielerlei Hinsicht sogar kontraproduktiv ist und uns von den wirklich wichtigen Dingen im Leben abhält.

Weil der Garten manchmal die letzte Rettung für den Familienfrieden ist

Oh, Mann ... Tante Mathilde ist spontan zu Besuch gekommen, wie immer unangekündigt, wie immer an einem Sonntag, der ohne sie außerordentlich friedlich verlaufen würde, und wie immer mit dem scheintoten Onkel Fred im Schlepptau. Nichts tut Tante Mathilde lieber, als sich selbst reden zu hören. Stundenlang. Über den Preis der Orangenmarmelade im Tante-Emma-Laden um die Ecke zum Beispiel. Bis man befürchtet, einen epileptischen Anfall vortäuschen zu müssen, um auch mal zu Wort zu kommen. Andererseits: Besser, man lässt sie über Orangenmarmelade reden, dann fängt sie wenigstens nicht an, einem zu erklären, wie man sein Leben zu leben hat. Für solche Sonntage sollte man einen Fluchtplan in petto haben, wenn einem das eigene Leben (und das von Tante Mathilde) lieb ist.

Meiner eigenen Tante Mathilde entkomme ich gern in folgender Form: »Äh, Tante Mathilde, ich hab ganz vergessen, frischen Schnittlauch und Dill für unsere Brotzeit aus dem Garten zu holen.« Oder wahlweise: »Ach, ich muss ja noch Erdbeeren für den Nachtisch pflücken!«

Das ist der Augenblick, in dem Sie Tante Mathilde einfach stehen lassen können, zusammen mit ihrem endlosen, langweiligen Monolog und den Kindern, die ihr mit glasigen Augen lauschen und hin und wieder in einem Anfall von Freiheitsdrang zu zappeln beginnen, woraufhin Tante Mathilde dann den verhassten Suppenkasper zitiert. Ihr Ehemann, dieser alte Feigling, ist ja sowieso immer wie vom Erdboden verschluckt, wenn Tante Mathilde auftaucht.

Feigheit im Angesicht von Tante Mathilde ist allerdings keine Schande, und deswegen bleiben Sie wesentlich länger im Garten, als es eigentlich nötig wäre. Dort atmen Sie tief durch, ein und wieder aus, ein und wieder aus, und sagen sich Folgendes: Stress ist ein Fremdwort für mich, ich entspanne mich vollkommen, ich lasse einfach los. Jetzt bin ich bereit, mich dem Unausweichlichen zu stellen und tapfer zu sein.

Alternativ können Sie Ihre unerwünschte Verwandtschaft natürlich auch gleich in den Garten lotsen. Beim Erdbeerenpflücken hat Tante Mathilde nämlich nicht so viel Atem zum Reden übrig.

Weil Wasser ihn erst zur Oase macht

Nicht wenige Gärtner versuchen, ihren Garten nach der fernöstlichen Lehre des Feng-Shui anzulegen, in der die fünf Elemente der chinesischen Medizin eine wichtige Rolle spielen. In einem Feng-Shui-gerechten Garten sollten also die fünf Hauptelemente Holz, Feuer, Erde, Metall und Wasser in ausgewogener Form vorhanden sein, d.h. keines der Elemente sollte zu stark dominieren. In den meisten Fällen ist das keine große Kunst: Auch niedrige Pflanzen werden dem Holz zugerechnet, weil sie wie die Bäume in die Höhe wachsen. Über die Erde braucht man nicht weiter zu sprechen – Gärtner sind übrigens meist wesentlich stärker geerdet als andere Menschen. Das Feuerelement, das eigentlich viel mit Freude und Lebenslust zu tun hat, kann durch eine südliche Orientierung des Gartens in Richtung Sonne, aber auch durch eine Feuerstelle (oder zumindest einen Grill) abgedeckt werden. Metallelemente lassen sich durch gut platzierte Gartenmöbel, Gongs, Zäune oder Statuen einbinden. Die Wirkung des Elements Metall wird übrigens durch ordnungsgemäße Gartenpflege verstärkt. Doch auf Wasserquellen wird in den meisten Gärten leider verzichtet – wie ich finde, zu Unrecht, weil nach der chinesischen Lehre das Wasserelement die Lebenskräfte stärkt und Angst-, Überforderungs- und auch Stressgefühle abbaut. Nicht grundlos bedeutet »Feng-Shui« übersetzt so viel wie »Das Spiel mit Wind und Wasser«.

Aber auch wer Feng-Shui für ziemlichen Blödsinn hält, sollte dem Wasser in seinem grünen Paradies gebührenden Raum verschaffen oder nach dem Motto der großen Wolkenkratzer-Baumeister in den asiatischen Tigerstaaten handeln, die trotz moderner Einstellung immer einen Feng-Shui-Meister um Rat bitten, denn: »Schaden kann es nicht, und es hat schon manchen sehr geholfen.« Auch für Anti-Esoteriker verstärkt Wasser die beruhigende Wirkung von Gärten. Nicht nur der Anblick der ruhigen Oberfläche, sondern auch gelegentliches Plätschern oder ein nächtliches Froschkonzert können wahrer Balsam für die Seele sein. Außerdem wirkt sich Wasser positiv auf die Luft aus und spendet im Hochsommer Kühle und Frische. Ob ein fröhlich dahinfließendes Bächlein neben Ihrem Garten verläuft, Sie einen Teich mit Fischen und Wasserpflanzen anlegen, oder ob Sie sich einen kleinen Springbrunnen angeschafft haben, der den ganzen Tag über vor sich hin sprudelt – Wasser tut immer gut. Selbst ein paar Regenwassertonnen können die Atmosphäre im Garten schon positiv verändern. Natürlich ist Ihr Garten immer noch ein Garten und sollte sich nicht in einen Wasserpark verwandeln – aber ein wenig kühles Nass sollte schon vorhanden sein. Denn Wasser ist ein friedlicher und lebensspendender Teil der Natur.

In den letzten Jahren hat es durch gezielte Marketingstrategien von Baumärkten und Gartencentern übrigens einen regelrechten Gartenteich-Boom gegeben. Das ist einerseits erfreulich, weil nun immer mehr Menschen Wasserelemente in ihre Gärten integrieren. Gleichzeitig ist das »Teich-Fieber« aber auch ein wenig irreführend, weil ein Gartenteich nicht jedem Gartenbesitzer zusagt. Sind Sie ein Mensch, für den stille Wasser tief sind, oder haben Sie eher eine Schwäche für sprudelnde Regsamkeit? Wollen Sie mehr Ruhe oder mehr Bewegung in Ihr Leben einbringen? Es sind solche Fragen, durch die wir uns bei der Auswahl der Wasserspiele in unserem Garten leiten lassen sollten. Denn Wasser hat nicht nur wesentlichen, sondern auch sehr facettenreichen Einfluss auf uns alle.

Weil er uns Geduld lehrt

Manchmal hat es wirklich etwas für sich, ganz einfach Aufgaben zu erledigen, die man gründlich und von Anfang bis Ende mit eigenen Händen ausführen und dann abhaken kann. Kein Drama, keine wichtigen Abgabetermine, kein Gestreite, keine unerwarteten Komplikationen. Nur ein einfaches »Heute werde ich die Backsteinwand fertigbauen/den Kompost umschichten/zwölf Brokkolipflanzen setzen. Und das war's. Das reicht mir für heute. Ich erwarte nichts weiter von mir, als diesen zwölf Brokkolipflanzen zu einem neuen Zuhause zu verhelfen.«

Und dann gehen Sie in den Garten und tun genau das. Ohne sich selbst faul zu finden, weil Sie nur so wenig tun. Ohne inneres Hin und Her. Sie konzentrieren sich einfach auf die Brokkolipflanzen, damit es im Sommer etwas Gutes zu essen gibt.

Es sind diese kleinen Kurzkuren, die mir helfen, wenn ich das Gefühl habe, dass die ganze Welt außer Kontrolle gerät. Wenn ich zu viele verschiedene Dinge auf einmal angefangen habe, nur um am Ende mit allen Ergebnissen unzufrieden zu sein. In solchen Augenblicken weiß ich, dass es an der Zeit ist für mein Brokkoli-Mantra: »Heute nur zwölf Pflanzen, und schon habe ich etwas Nützliches geleistet. Dann fühle ich mich garantiert wieder besser. Vielleicht macht mich der tropfende Wasserhahn, den mein Mann immer wieder zu reparieren vergisst, dann nicht mehr so wütend. Vielleicht springen mir die abgewetzten Möbel dann nicht mehr so sehr ins Auge und ich vergesse für einen Tag, dass die Steuerprüfung ins Haus steht. Gar nicht zu reden von der Arbeit. Heute habe ich nämlich frei! Zwölf schöne Brokkolipflanzen, und mein Tagwerk ist erledigt. Dann kann ich zu Hause einen Film ansehen, einen Spaziergang machen, noch ein bisschen länger im Garten herumpusseln oder ein wohlverdientes Mittagsschläfchen machen. Ganz wie ich will.«

Diese Mechanismen der bewussten Langsamkeit funktionieren im Garten deswegen besonders gut, weil er uns Geduld lehrt – auch wenn diese Lektion am Anfang mit zu den härtesten Herausforderungen für den Gartenneuling gehört. Selbst wenn Ihr innerer Motor mit tausend Stundenkilometern dahinrast: Die Pflanzen werden deswegen ganz sicher nicht schneller wachsen. Und das Wetter werden Sie mit Hast auch nicht davon überzeugen können, dass es besser mit Ihnen und Ihren Gartenplänen kooperieren soll. Die Natur lässt sich nicht beeindrucken von Wichtigtuerei, Geschwindigkeit, Klasse oder Narzissmus. Im Garten ist alles genau so, wie es ist. Sie können zwar versuchen, den Verlauf der Dinge zu beeinflussen. Aber wenn etwas nicht sein soll, dann gibt es nichts, wirklich *nichts*, was Sie daran ändern können.

Weil er unsere Geduld am Ende
ganz reich belohnt ...

Gerade für Gartennovizen fühlt sich diese Machtlosigkeit anfangs meist erst einmal ganz schrecklich an: Man übernimmt einen Garten und ist überzeugt, dass man schon nach einem Sommer vollkommen unabhängig vom Supermarkt oder der Biokiste sein wird. Doch solche hohen Erwartungen werden im ersten Gartenjahr zwangsläufig enttäuscht. Dann wirkt es so, als hätte sich die ganze Welt gegen einen verschworen. Der Spätfrost zerstört die Obstblüten, die gartenerfahrenen Nachbarn werfen Ihnen über den Zaun hinweg joviale »Das wird schon noch, ach, wenn Sie wüssten, wie reichlich die Ernte letztes Jahr ausgefallen ist«-Sprüche zu, die Schnecken machen Ihre zarten Bohnenpflanzen dem Erdboden gleich und lassen nur traurige kleine Stümpfe zurück. Basilikumpflanzen verschwinden quasi über Nacht, zusammen mit Ihren ordentlich in Reih und Glied gepflanzten Salaten. Der nach wie vor hilfreiche Nachbar tröstet Sie mit einem: »Nächstes Jahr wird alles besser, also grämen Sie sich nicht.« Aber natürlich grämen Sie sich *doch*. Tatsächlich sind Sie mittlerweile so wütend, dass Sie am liebsten schreien würden, was aber natürlich auch nichts helfen wird. Der Frost, die Schnecken, ja, selbst die philosophierenden Nachbarn sind Teil Ihres Gartenlebens geworden.

Bei Ihrem nächsten Marktbesuch werden Sie dann zaudern, neue Pflanzen zu kaufen. Schließlich wachsen die doch sowieso nicht! Aber dann hat jemand spottbillige Zucchinipflanzen im Angebot und versichert Ihnen, dass sie so schnell wachsen, dass selbst die Monsterschnecken ihnen nichts anhaben können. Also werden Sie doch schwach und schlagen zu. Zwanzig Pflanzen dürften reichen, die sind ja eh im Angebot.

Ein paar Monate später bringen Sie Ihre erste Zucchini-Rekorderne ein. Und dann sind Sie erst einmal vollkommen überwältigt vom fantastischen Geschmack einer frischen Bio-Zucchini. Also ernten Sie noch ein paar, und noch ein paar, auch das meterlange Ungeheuer, das es bis jetzt irgendwie geschafft hatte, sich in dem Blätterdschungel vor Ihnen zu verstecken. Sie bringen Zucchini mit zur Arbeit und verschenken Zucchini an ihre Verwandten. Dann versuchen Sie sogar, Zucchini zu verkaufen, müssen aber feststellen, dass in jedem anderen Garten gerade auch Zucchiniernte ist und Sie auf Ihrem Riesenhaufen Biogemüse sitzen bleiben. Irgendwann haben Sie so viele Zucchini gegessen, bis Sie Ihnen zu den Ohren herauskommen und Sie Albträume von menschenfressenden Pflanzen haben, die Ihren Garten in ihre Gewalt bringen wollen. Sie backen Zucchinibrot, und Ihr Eisfach quillt über vor tiefgefrorenem Zucchinipüree. Noch bevor der erste Frost kommt, finden Sie Zucchini so abstoßend, dass Sie ernsthaft in Betracht ziehen, die Pflanzen auszureißen. Aber dann können Sie sich doch nicht dazu durchringen – schließlich waren sie ja Ihr gärtnerischer Durchbruch!

Und kaum ist das Jahr vorüber, da ertappen Sie sich dabei, dass Sie genauso daherreden wie Ihre Nachbarn: »Ach, nächstes Jahr muss ich wirklich etwas gegen diese Schneckenplage tun. Und ich pflanze ganz sicher nicht wieder so viele Zucchini, aber vielleicht versuche ich es mal mit diesen sensationellen Tomaten, die meine Schwägerin züchtet. Ja, ganz genau, nächstes Jahr werde ich einiges anders machen. Vor allem aber werde ich mich gedulden.«

Weil unsere Gedanken dort zur Ruhe kommen können

Wir alle kennen wohl die endlosen Refrains, die manchmal durch unsere Köpfe kreisen wie ein Hamster in seinem Laufrad:

»Heute hast du nicht genug geschafft.«

»Irgendetwas habe ich vergessen!«

»Ich muss dran denken, den Spinat noch aus dem Tiefkühlfach zu holen.«

»Was hat meine Freundin gemeint, als sie gesagt hat, dass …?«

»Was soll ich denn nur machen!? Ich finde einfach keine Lösung …«

»Ich bin so wütend wegen …«

Ziemlich oft ist das ständige Hintergrundrauschen unserer Gedanken negativ und erinnert uns an unsere Fehler und Schwächen und eingebildeten Mängel. Dieses gnadenlose, überkritische Hämmern in unseren Köpfen mindert unser Selbstvertrauen und ist bei vielen Entspannungsversuchen ein Haupthindernis. Nicht grundlos wird in den meisten spirituellen Lehren wie Yoga, Meditation oder Tai-Chi viel Wert darauf gelegt, den Lärm in unseren Köpfen zum Verstummen zu bringen.

Eine einfache Methode, im Kreis herumirrende Gedanken zu verscheuchen, besteht darin, einfach einen Rechen in die Hand zu nehmen und tote Blätter zusammenzukehren oder Unkraut auszurupfen und ein paar Reihen Salatpflanzen zu setzen. Ein Garten ist ein ganz privater und friedlicher Zufluchtsort, der uns dabei helfen kann, unser inneres Gleichgewicht wiederzufinden. Die Sonne scheint, die Vögel singen, und während der monotonen Tätigkeiten können Sie ihre Seele baumeln lassen. Sie denken höchstens noch an die Abstände zwischen den Salatpflanzen oder das Rasenstückchen, das Sie noch rechen müssen

– und schon ist das negative Hintergrundrauschen in Ihrem Kopf kaum mehr zu hören. Wie Johann Wolfgang von Goethe so schön sagte: *Die ganze Natur ist eine Melodie, in der eine tiefe Harmonie verborgen ist.* Und diese Melodie können Sie viel besser hören, wenn sie nicht von pessimistischen Gedanken übertönt wird.

Gleichzeitig helfen die rhythmischen Bewegungen, die beim Gärtnern erforderlich sind, die Organe zu stärken und die Körperenergie ins Gleichgewicht zu bringen. Sie ähneln den Meditationsübungen, die im Stehen praktiziert werden, wie beispielsweise Tai-Chi oder Qigong. Letztlich geht es bei all diesen Übungen darum, dem Unbewussten Raum zu lassen, sich ungestört zu entfalten, was ihm in der modernen Hochgeschwindigkeitswelt, in der es immer nur darum geht, bewusst zu funktionieren, kaum möglich ist.

Eine aus meiner Sicht besonders nachvollziehbare und originelle Methode, sich einfach an einen Ort davontreiben zu lassen, an dem alle Sorgen und Gedanken bedeutungslos wirken, hat meine Freundin Maria entwickelt: Sie geht zum Beerenpflücken in den Garten.

Ihre Favoriten sind Johannisbeeren, für die sie eine besonders einfache Erntemethode entwickelt hat. Wenn die Beeren an einem Stamm durchgängig richtig reif sind, schneidet sie die Stämme zurück, die es nötig haben, und setzt sich mit einer großen Schüssel im Schoß auf einen kleinen Schemel in den Garten. Die Beeren lassen sich von dem abgeschnittenen Stamm ganz einfach entfernen, und die Arbeit lullt Maria langsam ein, bis sie sich in einem meditativen Zustand befindet. Sie hört dann nicht mehr auf ihre inneren Stimmen, sondern nur noch auf die Vögel, Grillen und Kröten aus dem Teich des Nachbarn, und genießt schweigend die laue Brise auf ihrer Haut. Sie beharrt darauf, dass sie in diesen Momenten völlig mit der Natur verschmilzt und ihre Finger die Arbeit automatisch erledigen. Und dann muss sie sich für ihre Tagträumereien nicht einmal schuldig fühlen, weil sie danach tatsächlich etwas vorzuweisen hat. Rote Grütze, jemand?

Ein weiterer Vorteil besteht darin, dass gleichzeitig die gern vernachlässigte Aufgabe des Äste-Ausschneidens miterledigt wird. Wenn die Beerenernte vorbei ist, kann die Sache in ein paar Minuten zu Ende gebracht werden. Eine der bittersten Lektionen, die man als angehender Gärtner lernen muss, besteht darin, dass ein radikal zurückgeschnittener Busch im nächsten Jahr oft mehr, saftigere und größere Beeren trägt. Rigoroses Beschneiden ist einer der Hauptgründe für eine erfolgreiche Beerenernte. Dasselbe gilt übrigens für Obstbäume, jedenfalls wenn sie zur richtigen Jahreszeit beschnitten und die Äste nach Bedarf ausgedünnt werden.

Beim Zurückschneiden der Büsche gilt es, das eigene, tiefverwurzelte Mitgefühl zu überwinden. Auch wenn es sich grausam anfühlt: Mehr als sechs bis acht Stämme sollten nicht übrig sein, wenn Sie mit dem Busch fertig sind. Wenn er dadurch regelmäßiger aussieht, können es gern auch noch ein paar weniger sein. Im Gegensatz zu den meisten Obstbäumen sollten Büsche wie Johannis- und Stachelbeere übrigens am besten gleich nach der Ernte zurückgeschnitten werden. Ernte und Zurückschneiden können also in Rekordzeit und in einem Schwung erledigt werden.

Marias »Beerenmeditation« ist nur eine von unendlich vielen Möglichkeiten, seinen Kopf im Garten einfach abzuschalten – bestimmt werden auch Sie Ihre eigene »gedankenfreie Tätigkeit« finden, die nur an diesem ganz besonderen Ort möglich ist.

Weil für Ihr Gartenrefugium nicht jedes Grundstück das richtige ist

Was eine wahre Oase sein soll, das bietet vor allem eine Sache: eine wahrhaft ruhige Atmosphäre. Doch diese Ruhe kann durch viele Faktoren gestört werden, von denen einige nicht einmal sichtbar sind. Was auf den ersten Blick wie ein perfekter Standort für einen Garten wirken mag, kann sich mit der Zeit aus den unterschiedlichsten Gründen als völlig ungeeignet entpuppen. Einer dieser »unsichtbaren« Störfaktoren sind unterirdische Wasserleitungen.

Historisch gesehen, befand sich neben fast jedem Garten eine Quelle oder ein Bewässerungskanal, denn anders hätten die Gärten überhaupt nicht überleben können. Heutzutage kommt das Wasser aus dem Hahn, und die Leitungen verlaufen kreuz und quer durch den Untergrund, ohne dass wir etwas davon mitbekommen.

Doch derartige Wasserquellen können einen starken Einfluss auf den darüber liegenden Garten ausüben. Denn die Leitungen transportieren ihren Inhalt nicht nur viel zu schnell, als dass das Wasser wohltuende Wirkung auf die Welt über der Erdoberfläche haben könnte. Tatsächlich können sich Wasserleitungen sogar extrem negativ auswirken, vor allem dann, wenn sie sich überschneiden. Gartenpflanzen, die über solchen Wasseraderkreuzungen stehen, neigen zu Schiefwuchs oder Missbildungen. In solchen Fällen kann man von schädlichen Wasseradern sprechen, die einer scheinbaren Gartenoase allen Reiz als Ruhe- und Erholungsort rauben können, wie eine Bekannte von mir kürzlich schmerzhaft am eigenen Leib erfahren musste.

Sie kaufte ein entzückendes Häuschen auf einer abgelegenen Insel und wollte sich später dort zur Ruhe setzen. Das Haus war luxuriös eingerichtet und liebevoll und intelligent gestaltet. Ein Wohnwintergarten und gleich zwei Terrassen sorgten dafür, dass es den ganzen Tag über Sonnenfleckchen gab. Dazu noch eine Sauna und kleine, verwinkelte Garteneckchen mit üppiger Begrünung: Palmen und Bananenstauden, Meerblick unter zwei früchtetragenden, gigantischen Avocadobäumen und einem Macadamianussbaum in voller Pracht ... Das Paradies schien vollkommen. Eigentlich hätte meine Bekannte aufmerksam werden müssen, als sie die Bepflanzung bemerkte. Denn Bananenstauden brauchen unendlich viel Wasser, wenn sie Früchte tragen sollen, und dasselbe gilt für Avocados und Macadamianüsse. Doch sie war so begeistert, dass sie überhaupt nicht darüber nachdachte, warum auf ihrem Grundstück alles so prächtig gedieh. Denn kaum bezog sie das Haus, stellte sie fest, dass der benachbarte Bananenbaron ein Bewässerungsrohr unter ihrem Grundstück verlegt hatte, um seine Plantage zu versorgen. Das Haus stand also auf einer gigantischen Wasserader, die meine Bekannte nicht nur wegen der unangenehmen Strahlungen den Schlaf raubte, sondern auch wegen des Lärms, den die Pumpe jedes Mal machte, wenn sie ansprang. So schön und verlockend das Grundstück auch gewirkt hatte: Als Paradies entpuppte es sich letztlich nicht. Ich kann Ihnen also nur raten, sich sorgfältig zu informieren und viel Zeit zu nehmen, wenn Sie sich ein Gartengrundstück zulegen wollen ... sonst steht Ihr grünes Paradies vielleicht genauso schnell wieder zum Verkauf wie das meiner Bekannten. Wie Sie Wasseradern auch ohne professionelle Hilfe aufspüren können, erfahren Sie übrigens unter »Weil Pflanzen geomantisch empfindlich sind«.

Weil es in Ihrem Garten Eden
keine Sünde gibt

Man mag es ihnen im ersten Moment gar nicht zutrauen – aber Menschen, die viel in Gärten arbeiten, haben einen ausgeprägten Sinn für Individualität und fühlen sich meist ungewöhnlich unabhängig. Nicht grundlos sind ausgerechnet die Briten nicht nur ein Gärtnervolk, sondern auch oft Exzentriker. Vielleicht entwickelt sich diese Exzentrik ja in den vielen Stunden, in denen man nur Pflanzen als Gesellschaft hat. Vielleicht ist es aber auch einfach so, dass das Selbstvertrauen durch das Wissen steigt, dass es dort draußen einen Mikrokosmos gibt, der niemals existieren würde und könnte, wenn man selbst nicht wäre.

Natürlich hat dieses Selbstvertrauen auch ein paar »negative« Nebenwirkungen: Die Fähigkeit, aufgeblasenes und anmaßendes Getue zu ertragen, verringert sich oft proportional zu der Zeit, die man im Garten verbringt. Man fängt an, immer häufiger zu sagen, was man denkt. Um es im Gärtnerdeutsch auszudrücken: Man hört auf, ein Blatt vor den Mund zu nehmen.

Und dann gibt es natürlich noch die Exzentrik-Variante, was ich gern als »Gärtnergarn« bezeichne: die oftmals schrägen Mythen und Märchen, die alteingesessene Gärtner gern mal zum Besten geben. Von dem Tag, an dem es Schlamm und Fische regnete. An dem sich der Mais noch am Kolben mitten auf dem Feld in Popcorn verwandelt hat, weil es so feucht und heiß war. Von dem Winter, in dem es so klirrend kalt, dass die Fasanen aus dem Himmel geprasselt sind und die Hasen tiefgefroren auf den Feldern lagen, sodass man sie nur noch ins Eisfach stopfen musste. Natürlich sind das alles Albernheiten – aber ein bisschen geht es immer auch darum, Nicht-Gärtnern einen Bären aufzubinden. Nach einem ganzen Tag im Kampf gegen Schnecken, beerenversessene Vögel, Wühlmäuse und renitente Giersch-wurzeln kann man es durchaus manchmal angemessen finden, ein bisschen Schabernack mit Menschen ohne grünen Daumen zu treiben.

Möglicherweise gehen die Eigenheiten von Gärtnern aber auch auf eine uralte Ursache zurück. Immerhin fing der ganze Ärger mit der Menschheit in einem Garten an: Der Teufel stattete Eva einen Besuch ab und überredete sie, vom Baum der Erkenntnis zu kosten, obwohl Gott das ausdrücklich verboten hatte. Kein Wunder, dass der Teufel auf offene Ohren stieß, denn was soll das auch? Aus einem winzigen Samen ist ein gigantischer Baum gewachsen. Man beobachtet, wie er Blätter treibt und Blüten hervorbringt, die befruchtet werden und zu köstlichen Früchten heranwachsen – und diese soll man dann nicht essen dürfen?

Nun sind wir natürlich alle aufgeklärt und wissen, dass man diese Geschichte nicht zu wörtlich nehmen sollte, weil sie eigent-lich nichts mit Gärten zu tun hat, sondern eher mit der Sexualität von Adam und Eva und dem Verlust der ursprünglichen Harmo-nie. Aber das ändert nichts daran, dass sich die Vorstellung vom Garten Eden im ganz wörtlichen Sinn tief in uns Gärtner einge-graben hat. Wir wollen unseren eigenen Garten Eden erschaffen, einen, in dem es keine verbotenen Früchte gibt. Na gut, jedenfalls bis auf Giftpflanzen wie Bilsenkraut oder Nachtschatten.

Wenn ich Sie überhaupt zu etwas ermuntern möchte, dann dazu: Genießen Sie Ihren Garten Eden, nutzen Sie den Tag und nehmen Sie sich alles, was der Garten Ihnen gibt, solange die Sonne scheint. Und lassen Sie sich von niemandem einreden, dass das sündhaft ist. In Ihrem eigenen Garten Eden müssen Sie kein Blatt vor den Mund nehmen und Ihrer Phantasie keine Grenzen setzen. Genießen Sie ihn ohne Reue, dann werden Sie seine süßen Früchte ernten.

2

DER GARTEN
ALS FITNESSSTUDIO
UND FREIZEITPARK

Weil im Garten jeder Tag zum Abenteuer wird

Unkraut nennt man die Pflanzen,
deren Vorzüge noch nicht erkannt wurden.
RALPH WALDO EMERSON, 1803 – 1882

Private Kleingärten nehmen in Deutschland eine Fläche von schätzungsweise 46.000 Hektar ein. Kein Wunder also, dass der Garten eine so wichtige Rolle bei der Erhaltung von gefährdeten Pflanzen-, Tier- und Insektenarten spielt.

Es ist kaum zu fassen, wie viele Tiere und Unkrautarten, Kulturpflanzen und Krabbelviecher sich im Laufe der Zeit in so einem Kleingarten ansammeln. Wenn Sie den Garten neu anlegen oder auf Bio umstellen, ist das, was da so gedeiht, natürlich erst mal eher langweilig. Aber nach nur wenigen Monaten siedeln sich die ersten Exoten an, und schon müssen Sie ab und an auf ein Bestimmungsbuch zurückgreifen, um sich in ihrem kleinen Dschungel zurechtzufinden. Seien Sie nicht zu streng: Manche Ihrer anfangs unerwünschten Pflanzengäste entpuppen sich mit etwas Glück als ausgesprochen wohlschmeckend oder sogar als seltene Heilkräuter.

Wenn Sie auch nicht bewusst angepflanzten Gewächsen eine Chance lassen, bekommen Sie schon bald Besuch von den ersten Tieren: Gottesanbeterinnen, farbenfrohe Schwalbenschwanz-Schmetterlinge, die sich übrigens bevorzugt von Doldenblütlern ernähren, und womöglich sogar eine Igelfamilie werden Ihren Garten für sich entdecken.

Und dann geht es erst richtig los: Wie durch Zauberei sprießen neben dem Unkraut auch größere Pflanzen aus dem Boden, die Sie niemals gepflanzt haben. Apfelbäume wachsen aus den Kompostabfällen, Vögel verbreiten durch ihre Hinterlassenschaften

Maulbeerbaumsamen, und dann breiten sich die ersten Blumen aus dem Nachbargarten in Ihrer Wiese aus.

Plötzlich wird jeder einzelne Tag zum Abenteuer – denn wer kann morgens beim Aufstehen schon wissen, was für neue Bewohner sich über Nacht im Garten niedergelassen haben?

Wenn Sie der Natur ein bisschen freien Lauf lassen, wird sich Ihr Garten schnell in ein Refugium auch für seltene Pflanzen- und Tierarten verwandeln. Und vergessen Sie nicht, dass sich die biologische Vielfalt in Ihrem Garten nicht auf das direkt Sichtbare beschränkt: Auch unter Blättern, in dichtem Laub, im Komposthaufen und natürlich in der Erde tummeln sich Hunderte und Aberhunderte von seltenen Lebewesen.

Ärgern Sie sich nicht darüber, dass Ihr Garten nicht hundertprozentig das tut, was Sie von ihm wollen: Er ist ein Zuhause für unzählige Geschöpfe und hat manchmal seinen eigenen Kopf. Sehen und lieben Sie ihn als das Abenteuerland, das er ist!

Weil Sie dort keine Fitnessfreaks
ertragen müssen

Wer kennt das nicht: Irgendwie fühlt man sich trotz angeborener Faulheit ja doch verpflichtet, ein bisschen was für die eigene Gesundheit zu tun. Also meldet man sich im Fitnessbunker an, und zwar für lächerlich viel Geld, das am Ende jedes Monats beim Blick auf die Kontoauszüge so richtig wehtut, weil man wieder nicht ein einziges Mal beim Pilates, Yoga oder Steppertraining gewesen ist. Irgendeine Ausrede fällt dem inneren Schweinehund nämlich doch meistens ein, um dem plötzlichen Anfall von Bewegungsdrang nicht nachgeben zu müssen.

Und seien wir mal ehrlich: Wer hat schon Lust, sich im Fitnesscenter auf den Hintern starren und von mit Anabolika vollgepumpten Muskelmännern zuzwinkern zu lassen? Wer lässt sich von anderer Leute Waschbrettbäuchen schon gern ein schlechtes Gewissen machen? Und wie sadistisch war der Typ veranlagt, der die Fitnessbank erfunden hat?

Kurzum: Fitnessstudios sind für viele Bewegungswillige nicht unbedingt das Gelbe vom Ei, und für die Qualen, denen man sich dort mehr oder minder freiwillig aussetzt, bezahlt man auch noch ein Vermögen.

Auch für dieses Problem bietet ein Garten eine erfreulich simple Lösung: Schwingen Sie statt Hanteln doch einfach mal den Spaten! Wer jemals einen Baum gepflanzt, seinen gesamten Garten umgegraben oder im August den Rasen gemäht hat, weiß, was für eine schweißtreibende Angelegenheit das Gärtnern sein kann. Zwischen Zierobstbäumen und Primeln lockt ein kostenloses Work-out, bei dem Sie noch nicht mal den Schweiß masochistisch veranlagter Fitnessfreaks inhalieren müssen!

Nach der Devise »Hecken stutzen statt Gewichte stemmen, Kompost schichten statt Pilates üben, Bäumchen pflanzen statt Steppertraining« können Sie Ihren Körper im Garten in Topform bringen, ohne jemals ein Fitnessstudio betreten zu haben!

Weil Urlaub auf Balkonien einfach Spaß macht

Ihre Arbeit war in den letzten beiden Monaten die reinste Hölle? Sie sind erschöpft, müde, stinksauer auf Ihren Chef und könnten jedes Mal losschreien, wenn Sie das selbstmitleidige Gejammer Ihrer Kollegen hören, das natürlich ganz anders klingt als Ihr eigenes? Ganz zu schweigen von Ihren nörgeligen Kunden?

Manchmal fühlt sich das Leben so ungerecht an, dass wir übellaunig genug werden, um abends, wenn wir nach Hause kommen, selbst die Katze zu vergraulen, die sich sonst immer freiwillig als Trostspender anbietet.

Das sind Augenblicke, in denen wir eigentlich reif für die Insel sind – nur, dass wir ausgerechnet in solchen Phasen oftmals so richtig pleite sind. Ansonsten wäre die Laune nämlich nicht ganz so schlecht. Schließlich gibt es außer den ganz großen Tragödien im Leben nur wenig, was unsere Stimmung so schnell auf den Nullpunkt sinken lässt wie Geldsorgen. Nicht mal eine im Internet gebuchte Last-Minute-Reise mit dem Billigflieger mag der Kontostand noch rausrücken. Aber was tun? Zu Hause kann sich doch kein Mensch entspannen und ein bisschen Abstand gewinnen!

So jedenfalls sah ich das, als mir der Arbeitsalltag wieder einmal den letzten Nerv geraubt hatte. Aus purer Verzweiflung stattete ich daraufhin meiner guten Freundin Maria einen Besuch ab, die in einem Reisebüro arbeitet. Ich hoffte nämlich, dass sie wie durch ein Wunder doch noch ein supergünstiges Angebot aus einer Schublade zaubern würde.

Maria sah mich durchdringend an und fragte: »Was genau willst du denn von deinem Urlaub?«

»Raus aus meinem grausigen Büro will ich, und dass mir keiner auf den Keks geht. Und dann würde ich gern auch noch ein paar neue Eindrücke sammeln«, murrte ich und starrte düster auf die Hochglanz-Reiseprospekte, die mir mitteilten, was für tolle Traumreisen ich unternehmen könnte, wenn ich morgen im Lotto gewinnen würde.

»Na dann, nimm dir die kommende Woche frei. Ich klingle Samstagmorgen um neun bei dir, falls dir das nicht zu früh ist.«

Mein Blick wurde ein bisschen misstrauisch, aber mangels Alternativen nickte ich zustimmend.

Am darauffolgenden Samstag stand Maria wie versprochen pünktlich um neun Uhr auf der Matte. Ich war noch im Morgenmantel, als ich die Tür öffnete, da ich aufgrund meiner schlechten Laune viel länger geschlafen hatte als üblich. Maria war mit einem ganzen Berg Tüten bewaffnet und schickte mich postwendend wieder zurück ins Schlafzimmer, wo ich mich zurechtmachen sollte, während sie »alles vorbereitete«. Was auch immer das sein mochte.

Als ich schließlich frisch geduscht und einigermaßen tagestauglich im Wohnzimmer erschien, hatte Maria auf dem kleinen Balkon, den ich damals hatte, den Frühstückstisch gedeckt – komplett mit schneeweißem stärkeknisternden Tischtuch, Silberbesteck, duftendem Kaffee, Croissants, einer kühlen Flasche Sekt und zwei Mimosen als Deko. Meine zahlreichen, zu diesem Zeitpunkt schändlich vernachlässigten Balkonpflanzen reckten ihre bunten Köpfe in die Höhe, weil Maria sie umsichtigerweise gerade gegossen hatte, und von einer Sekunde auf die andere kam ich mir vor, als wäre ich zu Gast in einem Ferienressort der Luxusklasse. Zum ersten Mal seit Wochen gab ich etwas Nicht-Mürrisches von mir und murmelte nur beeindruckt: »Gott, ist das hübsch hier!«

Maria strahlte und drückte mich in einen Stuhl.

Was folgte, war das entspannteste und lustigste Frühstückserlebnis meines Lebens. Wir plauderten über Gott und die Welt, und je mehr ich in das Grün in meinen Blumenkästen starrte, desto mehr fiel die Spannung der vergangenen Monate von mir ab. (Zugegeben, der Sekt mag auch einen kleinen Teil dazu beigetragen haben.)

Nach dem Frühstück drückte mir Maria, die schon damals eine begeisterte Gärtnerin war, einen Sack Blumenerde und eine kleine Schaufel in die Hand und zauberte ein ganzes Bataillon an frischen Balkonpflanzen aus ihren Tüten. Danach topften wir um, was das Zeug hielt, und ein paar Stunden später sah mein Balkon aus wie ein winzig kleiner tropischer Garten, und ich hatte völlig vergessen, dass ich jemals in meinem Leben Sorgen gehabt hatte. Nach einem nachmittäglichen Imbiss mitten in meinem neuen, ganz persönlichen Paradies fiel mir plötzlich auf, dass ich für dieses wunderbare Erlebnis nicht einen Cent gezahlt hatte. Also fragte ich Maria, was ich ihr denn schulden würde.

Und Maria, diese wunderbare Freundin, die ihr Gewicht in Gold wert ist, sagte: »Nur, dass du irgendwann dasselbe für mich tust, wenn ich mal so richtig schlechte Laune habe. Kommst du von jetzt an allein zurecht, oder soll ich dir morgen noch ein bisschen unter die Arme greifen beim Urlaub auf Balkonien?«

Ich versicherte ihr, dass ich mein Selbstmitleid jetzt in ausreichendem Maße überwunden hätte, um es mir auch auf eigene Faust gut gehen zu lassen, und dann plante ich meine nächsten Tage, die alle mit einem Frühstück auf dem Balkon beginnen sollten. Nachmittags wollte ich dann all die Sachen machen, die ich mir schon so oft vorgenommen, aber aus gefühltem Zeitmangel nie in die Realität umgesetzt hatte: Museumsbesuche, ein Tag im Botanischen Garten, ein Ausflug zu einem besonders schönen See vor den Stadtgrenzen.

Das Highlight dieser Woche in Balkonien war aber der letzte Abend, an dem ich Maria zu einem Kerzenlichtdinner zwischen meinen blühenden neuen Pflanzen einlud – und an dem von meiner schlechten Laune und Erschöpfung absolut nichts mehr übrig war!

GRUND NR. 15

Weil Gärten die schönsten Esszimmer sind

Als ich jung war, war ich der Prototyp des Morgenmenschen: Morgens sprang ich voller Energie und Elan aus dem Bett und warf Leuten, die ewig an ihrem Frühstück saßen und Stunden brauchten, bis sie in die Pötte kamen, gern mal missbilligende Blicke zu.

Heute brauche ich morgens selbst ein bisschen länger und weiß eine gemächliche Tasse Kaffee nach dem Aufstehen sehr zu schätzen. Um ehrlich zu sein, würde ich mittlerweile sogar sagen, wenn es die Umstände erlauben, gibt es nichts Schöneres als ein ausgiebiges Frühstück. Und da ich nun mal Gartenfan durch und durch bin, kann ich mir keinen schöneren Ort dafür vorstellen als eine Essecke mitten im Grünen.

Kann man draußen im Garten essen, macht es meiner Erfahrung nach auch gleich viel mehr Spaß, haufenweise Gäste einzuladen. Denn im Garten verlaufen sich Lärm und Enge, und wenn Ihnen Ihre Besucher mal kurzfristig auf den Keks gehen sollten, können Sie sich einfach für ein paar Minuten in eine andere Ecke des Gartens verziehen.

Ihre Essecke im Garten sollte (natürlich) auf flachem Grund angelegt sein, und zwar wenn möglich unter einem großen, schattenspendenden Baum wie einer Rosskastanie oder einem Nussbaum. Je nachdem, ob Sie eher der Typ für ausgiebiges Brunchen, Kaffee und Kuchen oder abendliches Grillen sind, sollten Sie die Essecke so ausrichten, dass sie zu Ihrer Lieblings-Essenszeit viel Sonne bekommt, ohne dass Ihre Gäste allzu sehr geblendet werden. Eine große Hilfe sind Wasser- und Stromanschluss, aber es reicht natürlich auch, wenn Sie ein Verlängerungskabel parat haben, das Sie bei Bedarf in Ihre Essecke ziehen können.

Sie werden staunen, wie viel Spaß es Ihnen plötzlich machen wird, Gäste zu haben, wenn der Besuch nicht jedes Mal durch das ganze Haus trampelt und Geschirr- und Besteckgeklirre von den engen Esszimmerwänden widerhallen!

Weil fitnessmäßig jeder anders
unterwegs ist

Gerade in Großstädten sind Fitnessstudios heutzutage manchmal die einzige Möglichkeit zu regelmäßiger körperlicher Betätigung. Doch viele von ihnen haben sich bestimmten »Konzepten« verschrieben, denen die Mitglieder dann wie Sektenanhänger folgen müssen – allein schon deswegen, weil es dort nur eine bestimmte Art von Geräten und Kursen gibt, die nur bestimmte Formen von Bewegung ermöglichen.

Etwas zu kurz kommt bei solchen programmatischen Ansätzen, dass wir in Hinsicht auf Fitness und Veranlagung alle unterschiedlich gestrickt sind und dass körperliche Betätigung und das »Spüren« unserer physischen Fähigkeiten durchaus auch ein sinnliches Erlebnis sein können und sollten. Manche von uns lassen es lieber ruhig angehen, andere brauchen das Gefühl, sich ab und an bis zur völligen Erschöpfung auszupowern. Jeder von uns hat seine ganz eigenen körperlichen Schwachstellen und Stärken und seine eigenen Vorstellungen davon, was man sich zumuten sollte und was nicht. Lassen Sie sich nicht von irgendwelchen Fitness-Gurus einreden, dass Sie jemand anders werden sollten, als Sie sind. Passen Sie Ihre körperlichen Aktivitäten lieber Ihrem Wesen an.

In der Abgeschiedenheit Ihres Gartens haben Sie die Möglichkeit, Ihren Körper und seine Vorlieben und Abneigungen in Ruhe von Grund auf kennenzulernen und sich ein »Fitnessprogramm« zusammenzustellen, das Ihrem eigenen Rhythmus und Ihren persönlichen Bedürfnissen entspricht.

Wer zur eher aktiven Sorte gehört, kann wie der wilde Watz durch seinen Garten fetzen: Gleich morgens kann der Tag mit ein paar Kniebeugen an der frischen Luft beginnen, und nach dem

Frühstück können Sie dann mit schwerer Gartenarbeit loslegen. Körperliche »Aktivisten« empfinden Bewegung und Tätigkeit an sich meistens schon als so angenehm, dass sie keinen weiteren Anreiz brauchen und die ganze Zeit »bei sich« sind, solange sie in irgendeiner Form herumturnen können.

Etwas passivere Typen, die zu leichtem Phlegma neigen, haben im Garten Platz und Ruhe für Aktivitäten, die eher zu ihrem Charakter passen, beispielsweise Yoga, Tai-Chi und Qigong. All das sind Tätigkeiten, die das sinnliche Erleben der eigenen Bewegungen unterstützen. Und wenn der Sport mal etwas zu langweilig ist, kann man sich vom Anblick des Blütenmeers und dem Duft der Rosen ablenken lassen. Machen Sie Sport, wann immer Ihnen danach ist – schließlich sollen die Übungen keine Zwangshandlungen sein, sondern guttun!

Weil Gartenarbeit ein Kalorienkiller ist

Klar, man kann den anstrengenderen Teil der Gartenarbeit, wie beispielsweise Bäume beschneiden, auch von einem 20-jährigen niedlichen Aushilfsgärtner erledigen lassen. Den kann man dann vom Liegestuhl aus beobachten und sich an seinem dicken Bizeps und dem jugendlichen Knackpo erfreuen. Sollte man aber nicht – das finde ich jedenfalls.

Wenn man nämlich allzu lange im Liegestuhl herumliegt, hat man irgendwann selbst das absolute Gegenteil von einem Knackpo. Gartenarbeit ist mein ganz persönliches Kardiotraining. Hinternstraffung inklusive.

Wir verbringen viel zu viel Zeit im Sitzen (so auch ich Moralapostelin in genau diesem Augenblick). Ärgerlicherweise macht sich das auch durch »gewichtige« Langzeitfolgen bemerkbar. Eine Woche Superstress an der Arbeit, weil Projekt X dringend abgeschlossen werden muss? – Schon haben wir ein Kilo mehr auf den Hüften. Sich darüber zu ärgern hilft nicht, eine Hungerdiät aber noch viel weniger. Jedenfalls nicht, wenn man die Teenie-Jahre hinter sich hat. Gegen Speckrollen, Reiterhosen und Hausfrauenarme, Bierbäuche, Doppelkinn und Wabbelpo hilft nur eins: Bewegung.

Und die bekommen Sie im Garten zur Genüge. Wenn Ihnen das Graben und Schnippeln, Sägen und Wühlen auch nur ein kleines bisschen Spaß macht, hören Sie irgendwann sogar auf, nach der Uhr zu schielen. Was mir im Fitnessstudio niemals möglich wäre, passiert mir im Garten manchmal ganz von selbst: Ohne es zu merken, trainiere ich oft stundenlang. Und nebenbei schwitze ich dabei auch noch eine Menge Gifte aus. Im Sommer kann man beim Rasenmähen manchmal fast schon das Gefühl haben, in der Sauna gelandet zu sein.

Viele der positiven Wirkungen von »echtem« Sport auf den Körper entstehen auch im Garten: Die Schultern lockern sich, man verbrennt Kalorien, und Atem- und Herzschlagfrequenz normalisieren sich. Da sich die meisten Tätigkeiten im Garten wiederholen, werden Sie mit der Zeit außerdem kräftiger, beweglicher und ausdauernder. Und wie alle körperlichen Betätigungen setzt auch das Gärtnern Endorphine frei, diese kleinen chemischen Glücksbotenstoffe, die Stress und Schmerzen mindern.

Anstatt beispielsweise mit Gewichten zu trainieren, kann man genauso gut auch den Boden umgraben, da der Widerstand denselben Effekt hat wie eine Hantel. Gärtnern ist laut den Fitnessexperten der amerikanischen Gesundheitsbehörde wie eine Mischung aus Aerobic, isotonischen und isometrischen Übungen. Iso-was? Nicht so wichtig, sehr gesund eben. Eine halbe Stunde mittelmäßig anstrengende Gartenarbeit entspricht dem Kalorienverbrauch auf einer drei Kilometer langen Walkingstrecke (dauert ungefähr genauso lange). Die Kalorienzähler an der Iowa State University haben folgende Werte für je eine Stunde Gartenarbeit ermittelt:

* Pflanzlöcher ausheben, umgraben
  Männer: 394 Kalorien | Frauen: 300 Kalorien
* Pflanzarbeiten
  Männer: 354 Kalorien | Frauen: 270 Kalorien
* Unkrautjäten
  Männer: 314 Kalorien | Frauen: 312 Kalorien
* Mit dem Rasenmäher arbeiten
  Männer: 354 Kalorien | Frauen: 270 Kalorien
* Laub zusammenrechen
  Männer: 314 Kalorien | Frauen: 240 Kalorien

Wenn das kein zusätzlicher Anreiz ist, sich öfter mal selbst um seinen Garten zu kümmern, dann weiß ich auch nicht weiter.

Weil Gartenarbeit auch für eingerostete Sportler genau das Richtige ist

Wer schon richtig lange keinen Sport mehr getrieben hat und schon nach einem Stockwerk Treppenlaufen ordentlich aus der Puste ist, hat meist eine Art »Ladehemmung«, was körperliche Aktivitäten betrifft. Eingefleischte Sportmuffel, aber auch weniger rüstige ältere Personen vertrauen dem eigenen Körper einfach nicht mehr so richtig und wissen nicht, was zu viel beziehungsweise zu wenig ist und womit sie überhaupt anfangen sollen.

Gerade in solchen Fällen ist Gartenarbeit genau der richtige Einstieg in die Reaktivierung der eigenen körperlichen Fähigkeiten. Denn solange man sich an nur einige wenige Regeln hält, kann man nicht viel falsch machen. Auf folgende Punkte sollten Sie beim »Sporteln« im Garten stets achten:

Wie vor jeder sportlichen Betätigung sollten Sie sich auch vor der Gartenarbeit ein wenig aufwärmen und dehnen. Da der Rücken beim Gärtnern besonders stark beansprucht wird, sollten Sie sich beim Aufwärmen besonders auf die Wirbelsäule konzentrieren. Wer ungern Übungen ins Blaue hinein macht, kann sich auch die Grundzüge von Entspannungssportarten wie Yoga oder Tai-Chi aneignen, da sie den Körper ganzheitlich dehnen.

Nach dem Aufwärmen sollten Sie sich erst einmal leichteren Gartenaufgaben wie Rechen, Unkrautjäten und Pflanzen zuwenden. Arbeiten Sie langsam und mit Bedacht und wechseln Sie die Tätigkeiten etwa alle 15 Minuten. Ansonsten laufen Sie nämlich Gefahr, einen Teil des Körpers zu überbeanspruchen, weil Sie beispielsweise stundenlang einhändig an einem Baum herumsägen oder den Boden umgraben, bis Sie gar nicht mehr gerade stehen können. Wenn Sie während des Gärtnerns merken, dass Sie es doch etwas übertrieben haben mit einer Tätigkeit, sollten Sie die Dehnungsübungen, die Sie am Anfang gemacht haben, noch einmal kurz wiederholen. Außerdem sollten Sie sich zwischen den Übungen etwas Zeit lassen, um wieder zu Atem zu kommen, anstatt gleich zur nächsten Aufgabe weiterzuhasten – Ihr Garten ist schließlich kein Zirkeltraining-Parcours, bei dem es auf Geschwindigkeit ankommt!

Beim Anheben schwererer Gegenstände sollten Sie darauf achten, dass Sie Beine und Bauchmuskeln nutzen, anstatt das Gewicht aus dem Rücken heraus hochzuwuchten. Bei Tätigkeiten, die häufiges Bücken erfordern, ist es wichtig, sich nicht auf die Oberschenkel zu stützen. Denn das belastet die Hüfte und die Knie, die insbesondere bei älteren Menschen schon häufig eine Schwachstelle sind. Beispielsweise beim Unkrautjäten können Sie sich auf einen kleinen Fußschemel setzen, um Ihre Gelenke zu entlasten. Auch ein Gummikissen leistet gute Dienste, wenn Sie lange knien müssen, gesetzt den Fall natürlich, dass der Boden nicht so kalt und feucht ist, dass man ihn spürt. Kalte Feuchtigkeit ist nämlich der größte Feind der Gelenke. Wer sowieso schon mit Arthritis und Rheuma zu kämpfen hat, der sollte das Gießen in den frühen Morgenstunden übrigens besser vermeiden. Denn Kälte und die Feuchtigkeit sind bei solchen Beschwerden das reinste Gift. Andererseits sollten eifrige Gärtner, die bei der Arbeit gern mal die Zeit vergessen, aber auch daran denken, dass Feuchtigkeit in anderer Hinsicht lebenswichtig ist. Im Freien kann man schnell austrocknen, weswegen Sie bei der Gartenarbeit immer genug trinken sollten.

Wenn Sie merken, dass Sie durch die Gartenarbeit mit neuen körperlichen Beschwerden zu kämpfen haben oder alte Probleme verstärkt werden, ist es ratsam, bei der Beschaffung von Gartengeräten etwas tiefer in die Tasche zu langen und ergonomisches Werkzeug zu kaufen.

Solange Sie diese wenigen Punkte einhalten, werden Sie Ihren Körper beim Gärtnern nicht überbelasten, sondern langsame, aber stetige Fortschritte machen und irgendwann vielleicht sogar wieder topfit sein!

Weil Kinder im Garten noch Kinder
sein können

Manchmal kann man wirklich nur den Kopf schütteln, wenn man sich ansieht, wie selbst Kleinkinder mittlerweile schon von Termin zu Termin gehetzt werden: Ballettstunden, Logopäde, Zwergen-Taekwondo, der erste Englischkurs, Malstunden ... Es ist wirklich nicht immer leicht, ein Kind zu sein.

Zwischen all diesen zweckgebundenen Aktivitäten bietet ein Garten eine gesunde Abwechslung – denn dort können Kinder noch frei und, was ich persönlich besonders wichtig finde, in einem sicheren Umfeld einfach sie selbst sein, ohne von Erwachsenen beaufsichtigt zu werden.

Die meisten Kinder sind gern an der frischen Luft, und im Freien machen Verstecken spielen und Blinde Kuh einfach viel mehr Spaß als in der Enge einer Wohnung, wo man ständig darauf achten muss, dass man nichts kaputt macht. Im Garten müssen Kinder nicht artig sein, sich nicht konzentrieren und stoßen auf eine Menge Beschäftigungsmöglichkeiten, die sie stundenlang bei Laune halten: Baumhäuser bauen, sich in Laubhaufen vergraben und Schneckenrennen veranstalten sind nun mal keine Drinnen-Aktivitäten.

Gerade für Kinder, die sich aufführen wie Geschwister vom Zappelphilipp, ist ein Garten das ideale Rückzugsgebiet: Stress und Hektik der Erwachsenenwelt färben hier kaum auf den Nachwuchs ab, und auch wenn anfangs vielleicht das eine oder andere Gemüsebeet dran glauben muss, finden selbst die anstrengendsten Kinder im Garten irgendwann zur Ruhe und führen sich nicht mehr auf wie Zwergenrowdys.

Zudem habe ich den Eindruck, dass die intensive Beschäftigung mit den Vorgängen und Zyklen in der Natur bei den meisten Kindern eine ganz besondere Form von Aufmerksamkeit, Kombinations- und Beobachtungsgabe erzeugt. Sie lernen, Tiere und Insekten zu beobachten, und sehen tagtäglich, wie Ursache und Wirkung zusammenarbeiten: Wenn der Käfer die Beeren frisst, bedeutet das für ihn ein leckeres Frühstück, außer ein Vogel kommt und frisst den Käfer.

Als ich selbst ein kleines Mädchen war, hat mich mein Vater häufig in einer benachbarten Grünanlage »geparkt«, wenn er zu Hause wichtige Besprechungen hatte. Ich war nur selten böse, dass ich ausgeschlossen wurde. Denn meistens war ich einfach nur glücklich, im Duft der Buchsbaumhecken und im Schatten großer Bäume ungestört und geschützt von einem wuchtigen Gartenzaun in Ruhe spielen zu können. Manchmal wünschte ich, alle Kinder, vor allem jene, die unter den Beziehungsproblemen ihrer Eltern leiden oder die in der Schule gehänselt werden, hätten einen so schönen Ort, an dem sie sich vor der Welt verstecken können, wie ich damals.

Weil Gärten ein Familienprojekt
sein können

In manchen Familien gibt es nur eine einzige Person, die sich für
den Garten interessiert, der dann zu ihrem ganz eigenen Refugium
wird. Aber viele Familien schaffen es, sich den Garten zu teilen,
ihn sozusagen als ein Gemeinschaftsprojekt zu betrachten. In den
letzten zehn Jahren hatte ich das außerordentliche Privileg, neben
einer Familie zu wohnen, die so mit ihrem Garten umgeht. Diese
Familie hat mir eine ganz neue Perspektive auf Gärten geschenkt,
die mich mitunter zutiefst gerührt hat.

Bei meinen Nachbarn haben eine Weile lang vier Generationen
harmonisch unter einem Dach gelebt – ein Zustand, der heutzutage eine echte Seltenheit darstellt. Nachdem die älteste Generation leider doch in ein Altenheim umziehen musste, weil sie
durch Fachkräfte gepflegt werden musste, blieben »nur noch«
drei Generationen übrig, die sich nach wie vor alle gemeinsam
um den großen Garten kümmerten. In den gesamten zehn Jahren
habe ich nicht einen einzigen Streit darüber mitbekommen, wer
sich um was zu kümmern habe – nur nach besonders exzessiven
Gartenfesten gab es am nächsten Morgen manchmal Gegrummel
darüber, wer aufräumen sollte. Aber letzten Endes packte meistens die ganze Familie zusammen an und fand sogar Spaß an der
gemeinschaftlichen Arbeit.

Meistens sah das ungefähr so aus, dass die Großeltern beispielsweise eine Sonnenterrasse bauten, während die jüngeren
Generationen die umliegenden Büsche zurückschnitten und die
Äste aufhäuften, die gehäckselt werden sollten. Morgens sprengte
einer der Männer oder die Großmutter die Beete und den Rasen.
Beim Zurückschneiden der Bäume half die gesamte Familie mit,
und wenn gerade Sommer war, durften die jüngsten Kinder, die

bei so schweren Arbeiten noch nicht mit anpacken konnten, vom Planschbecken aus zugucken. Doch der Höhepunkt ihres Gartenjahrs fand immer in den großen Sommerferien statt und war eigentlich zweigeteilt: Jeweils im Sommer und im Herbst versammelte sich die gesamte Sippschaft zu einer riesigen Party im Garten.

Bei all diesen Festen waren das gesamte riesige Haus und der Garten erfüllt vom Kreischen der Kinder, dem Kläffen der zahlreichen Familienhunde und bierseligen Gesprächen, die oft bis Mitternacht andauerten. Diese Familie verstand ihren Garten als eine Erweiterung des Wohnhauses und als einen Ort, an dem die ganze Familie zusammenkommen kann.

Natürlich läuft der Alltag nicht in allen Familien so harmonisch ab. Aber trotzdem ist es nicht schwer, den Garten zu einem Ort zu machen, an dem wenigstens oberflächlicher Familienfrieden herrschen kann. Meiner Meinung nach sollte es immer zwei »Hauptverantwortliche« für so einen Familiengarten geben, und in meiner persönlichen Idealfamilie sind das die stolzen Großeltern. Die jüngere Generation mosert meiner Erfahrung nach zwar beharrlich darüber, im Garten mithelfen zu müssen, aber wenn man seinen Kindern ein bisschen Anreiz verschafft, indem sie beispielsweise Musik hören oder ihre Freunde einladen dürfen, hat es meistens schnell ein Ende mit dem Gemoser.

Wenn im Garten in regelmäßigen Abständen Familienfeste wie Geburtstagsfeiern, Feiertage oder Taufen und so weiter ausgerichtet werden, bauen selbst die desinteressiertesten Familienmitglieder mit der Zeit eine enge innere Bindung zu Ihrem Familienrefugium auf und werden von selbst dafür sorgen wollen, dass es in einem guten Zustand bleibt.

GRUND NR. 21

Weil man nicht immer gleich
in der Wildnis zelten muss

Ich weiß ja nicht, wie es Ihnen geht, aber ich muss manchmal einfach mal raus aus meinem vertrauten Trott und neue Eindrücke sammeln, um mein inneres Gleichgewicht wiederzufinden.

Allein ein paar Tage nicht aus dem Haus zu kommen kann einen schon ein bisschen gaga machen. In leichten Fällen von Alltagsüberdruss oder Brett-vorm-Kopf genügt eine halbe Stunde Gartenarbeit, und schon sehe ich wieder klar. Aber manchmal brauche ich eine längere Auszeit – und meiner Meinung nach gibt es nichts Besseres, um sich mit sich selbst zu konfrontieren, als einen Campingurlaub. Und ich rede hier nicht von gigantischen, hotelanlagenähnlichen Zeltplätzen, auf denen man allen Komfort hat, den man von zu Hause kennt, nur dass man eben auf einer Isomatte schläft. Ich meine das Gefühl, allein mit der Natur zu sein. In ihr aufzuwachen und einzuschlafen, einfache Mahlzeiten auf einem Campingkocher zuzubereiten und bis auf ein kleines Stückchen Plane über dem Kopf voll und ganz dem Wetter ausgeliefert zu sein.

Aber mal ehrlich: So gern man mit dieser Vorstellung auch kokettiert – nur die wenigsten von uns sind abenteuerlustig genug für »echtes« Camping. Die weite Welt jenseits der Zivilisation ist ein bisschen beängstigend, unbequem, kalt und hart und voller Mücken und Ameisen.

Doch auch die Zauderer und Freunde moderner Annehmlichkeiten bekommen irgendwann Kinder, und so gut wie alle Kinder entwickeln früher oder später eine Form von Zeltitis, durch die Sie wohl oder übel durchmüssen.

Sollten Sie absolut nicht bereit sein, auch nur eine einzige Nacht auf dem nackten Erdboden zu verbringen, kann sich ein Garten als großer Verbündeter erweisen. Denn die meisten Kinder lieben es, ein eigenes »Haus« in irgendeiner Form zu haben, in dem sie dann auch noch ganz allein schlafen dürfen. So sind Sie aus dem Schneider und bei allen kindlichen Unabhängigkeitsbestrebungen sind Mama und Papa nahe genug am Garten dran, um noch eine Gutenachtgeschichte vorlesen zu können, vorausgesetzt, es handelt sich um einen am Haus angrenzenden Garten. Trotz anfänglichem Enthusiasmus bestehen übrigens gute Chancen, dass Ihr Nachwuchs um die allerunmöglichste Uhrzeit wieder ins Haus stolpert und Rotz und Wasser heult, während er eine nur halb verständliche Geschichte von einem absolut grauenhaften Tier (es muss ein Bär gewesen sein!) erzählt, das am Zelt geschnüffelt hat. Nachdem Sie den Bären als Nachbarskatze beziehungsweise Igel identifiziert haben, werden Sie die Kinder wohl erst mal in ihr richtiges Bett bringen müssen – aber nach ein paar Tagen ist die ganze Geschichte vergessen, und der Spaß geht wieder von vorne los.

Wenn Sie dem Zelten nicht ganz so abgeneigt sind und sich Ihrem Nachwuchs anschließen, werden Sie staunen, wie wunderschön solche Nächte mit Ihren Kindern sein können. Man schläft gemeinsam unter den Sternen, kuschelt sich im engen Zelt zusammen, grübelt über Sternbilder und hört dem Eulenchor zu. Vielleicht entdecken Sie ja sogar ein paar Fledermäuse oder gruseln sich selbst ein bisschen vor den nächtlichen Geräuschen vor Ihrem Zelt – auch wenn Sie ganz genau wissen, dass es sich nur um die Nachbarskatze oder den schnüffelnden Igel handelt?!

3

DER GARTEN ALS SPEISEKAMMER

Weil Obstbäume das Leben versüßen

Wohl kaum eine Pflanze gibt dem Gärtner so viel zurück wie ein Obstbaum. Zwetschgenbäume beispielsweise schmeißen ihren Besitzern aus Dank für die Pflege ihre Gegenliebe in Form von tonnenweise Obst förmlich vor die Füße, bis man kaum mehr weiß, wie viel Zwetschgenmus, -kuchen und -schnaps man eigentlich noch zubereiten soll!

Wenn man einen jungen Obstbaum pflanzt, kann man sich meistens kaum vorstellen, dass dieses spindeldürre kleine Ding bald kiloweise Früchte tragen soll. Aber oft gedeihen Obstbäume schneller, als man zusehen kann – so wie das Nachbarbaby, das, kaum hat man mal geblinzelt, plötzlich Bart trägt und Motorrad fährt.

Ehe Sie sich entscheiden, was Sie überhaupt in Ihrem Garten wachsen lassen möchten, sollten Sie sich allerdings ein paar Gedanken darüber machen, wofür Sie das Obst verwenden möchten. Selbst wenn Sie schon wissen, ob es Pflaumen, Äpfel, Birnen oder Kirschen sein sollen – die verschiedenen Sorten unterscheiden sich in Sachen Reifezeit, Aroma und Konsistenz meist stark voneinander. Um das am Beispiel Apfelsorten zu illustrieren: Der Gravensteinerapfel hat zwar einen feinen Geschmack und ein besonders zartes Aroma, dafür sind Renetten aber viel länger haltbar. Der Rote Eiserapfel ist in der Erntezeit so gut wie ungenießbar, lässt sich im Frühjahr und bis in den Sommer hinein aber bestens zum Kochen nutzen. Roter Boskop eignet sich perfekt für die Zubereitung von Bratäpfeln, und einige saure Apfelarten sind speziell für die Sauerkrautherstellung gezüchtet worden. Wer Apfelmus mag, sollte sich an Gravensteiner, Jakob Lebel und Rote bzw. Weiße Kläräpfel halten. Das schönste Tafelobst für den Herbst sind die großen Signe-Tillisch- und Antonowka-Äpfel – und das ist nur ein Bruchteil der Möglichkeiten, die Ihnen offenstehen.

In den vergangenen Jahrzehnten ist zwar bedauerlicherweise viel Wissen über die zahlreichen Obstsorten verloren gegangen, aber wenn Sie sich die Mühe machen, ein paar Nachforschungen anzustellen, werden Sie erstaunt sein, wie vielfältig die Auswahl ist, und garantiert genau die richtige Sorte für Ihre ganz persönlichen Bedürfnisse finden.

Wenn Sie sich entschieden haben und Ihren jungen Baum pflanzen, sollten Sie unbedingt darauf achten, dass Sie ihn mit einer stabilen Stütze versehen, da er sich sonst zur Seite neigt. Falls unter dem Baum eine Wasserader verläuft oder ein anderer Baum in direkter Nähe steht, wird sich Ihr Neuzugang in die entgegengesetzte Richtung strecken. Starker Schneefall, Überflutungen und zu lockerer Boden können das Problem noch verstärken. Junge Obstbäume sind ein wenig wie Kinder: Wenn sie in die richtige Richtung wachsen sollen, müssen sie »erzogen« werden.

Sobald der Baum einmal gerade wächst und eine ordentliche Größe erreicht hat, ist die nächste Baumschulenlektion gefragt: Die erste Beschneidung steht an, und die sollte mit Mut und Verstand erfolgen. Die meisten jungen Bäume entwickeln nach dem ersten Jahr Triebe. Beim Beschneiden gilt die Faustregel, dass die Astproportionen so bleiben sollten, wie sie in der Baumschule angelegt wurden, also meist auf einen Mitteltrieb und drei Leitäste. Äste, die diese Grundstruktur kreuzen oder die Form des Baums stark verändern, sollten entfernt werden. Einer alten Regel zufolge muss es nach dem Beschneiden möglich sein, einen Hut durch die offene Baumkrone zu werfen. Aber erwarten Sie nicht zu viel von solchen »theoretischen« Tipps: Die echte Erfahrung kommt erst mit der Praxis.

Trägt Ihr Baum dann erstmals Früchte, ist es an der Zeit für den beliebtesten Obstgärtner-Anfängerfehler schlechthin: nicht alle Früchte zu ernten, die der Baum hervorbringt. Und wenn Sie das überschüssige Obst nur verwenden, um Ihren Komposthaufen zu vergrößern: Es darf auf keinen Fall unter dem Baum herumliegen! Faulendes Obst verbreitet Baumkrankheiten und Insekten und schadet damit Ihrer nächsten Ernte. Auch »Obstleichen« bzw. »Mumien«, also Früchte, die nach der Ernte noch am Baum hängen und dort vor sich hinsiechen, sollten unbedingt entfernt werden.

Wenn Sie sich an diese einfachen Regeln halten und ab und an bei einem Profi um Rat fragen, werden Ihre Obstbäume Ihr Leben schneller mit saftigen Früchten versüßen, als Sie »lecker« sagen können.

Weil dort 111 unbekannte Geschmackserlebnisse auf Sie warten

Dass selbst angebautes Gemüse aus dem Garten und frisch geern-
tete Kräuter, selbst wenn sie bloß von der Fensterbank stammen,
tausendmal leckerer sind als jedes Supermarktschnäppchen, steht
außer Frage. Aber das Schönste an Ihrem eigenen Garten ist,
dass dort auch bisher unbekannte Geschmackserlebnisse auf Sie
warten: Wann haben Sie eigentlich zuletzt Quitten oder Mispeln
gegessen? Und wie sieht es mit Schattenmorellen, Kornelkirschen
und Sanddorn aus? Kennen Sie den aufregenden Geschmack der
vielen Exoten, die Sie in der Obst- und Gemüseabteilung kaum
finden werden, aber in Ihrem eigenen Gewächshaus selbst ziehen
können? Nisperos, Chirimoyas und Erdbeerguaven fühlen sich
übrigens in einer warmen Umgebung besonders wohl.

Auch Beerenobst beschränkt sich nicht auf Erd-, Stachel- und
Johannisbeeren: Schon mal Erdkirschen, goldene Himbeeren
oder Mieze-Schindler-Erdbeeren probiert?

Genauso wie beim Obst sieht es auch mit den Gemüsepflanzen
aus: Die Natur ist voller Arten und Sorten, die in Vergessenheit
geraten sind. Um nur einige zu nennen: Rote, grüne und gelbe
Gartenmelden, Erdmandeln, Topinambur, Yams, Lima-, Flügel-
und Mondbohnen, Rübchen, Blattchrysanthemen, Knollenziest,
Tomatillo, Cardy, Haferwurz, Yacon, Pastinake und Erdbeer-
spinat sind mittlerweile von den Speisekarten verschwunden, obwohl sie eine echte Gaumenfreude sind! Ihr Garten steckt voller
kulinarischer Köstlichkeiten – probieren Sie sie doch einfach mal
aus!

Weil kalt gerührte Marmeladen so gesund sind

Die gute Nachricht lautet: Manche Früchte enthalten so viel Pektin, dass sie ganz von allein gelieren. Aus ihnen lassen sich ganz einfach köstliche kalt gerührte Marmeladen herstellen. Die noch viel bessere Nachricht lautet: Bei diesen Früchten handelt es sich vornehmlich um solche, die in unseren Breitengraden in so gut wie jedem Garten gedeihen. Die Rede ist von schwarzen Johannisbeeren (mit roten funktioniert es nicht ganz so gut), Brombeeren, Stachelbeeren und Zwetschgen.

Kalt gerührte Marmeladen werden nicht gekocht, weswegen sie besonders lecker und gesund sind, denn der Großteil der in den frischen Früchten enthaltenen Vitamine und Aromastoffe bleibt erhalten. Leider halten sie aber nicht sehr lange, weswegen man sie immer nur in kleinen Mengen herstellen und kühl lagern sollte. Alternativ kann man sie auch tiefgefrieren.

Der »Klassiker« unter den kalt gerührten Marmeladen besteht aus einer Mischung aus schwarzen und roten Johannisbeeren, die man in Österreich, wo dieser Brotaufstrich besonders beliebt ist, auch »Ribisel-Marmelade« nennt. Sollten in Ihrem Garten zufällig weiße Johannisbeeren wachsen, können Sie auch diese hinzufügen.

Und das brauchen Sie für kalt gerührte *Ribisel-Marmelade*:
* 500 g Johannisbeeren (eventuell tiefgekühlt und aufgetaut)
* 250 g Zucker
* Nach Belieben den Saft von einer Zitrone oder einen gestrichenen Teelöffel Zitronensäure

Rühren Sie die Beeren zusammen mit dem Zucker und Zitronensaft entweder von Hand oder mit dem Knethaken etwa 30 Minuten lang beständig, bis sich der Zucker vollständig aufgelöst hat und die Masse anfängt, sich leicht zu verdicken. Unglaublich, aber wahr: Jetzt ist die Ribisel-Marmelade schon fertig! Füllen Sie die Masse einfach in sterilisierte Gläser ab, die mit Folie verschlossen werden. Leider ist die Marmelade nur etwa zwei Wochen lang haltbar, und auch das nur im Kühlschrank. Zum Glück werden Sie aber sowieso selten in die Verlegenheit kommen, dass sie verdirbt, weil sie so lecker ist, dass sie meistens nach wenigen Tagen verbraucht ist. Besonders gut schmeckt sie übrigens als Zusatz zu Naturjoghurt.

Weil ich nichts leckerer finde als Kauli

Kauli ist mein hauseigener Spitzname für eine ausgefallene und gesunde Obst-Küchenkreation der ganz besonderen Art. Im Handel gibt es mittlerweile zwar ähnliche Produkte, aber so gut wie ein hausgemachter Kauli aus selbst geerntetem Obst schmeckt keines von ihnen.

Für *Kauli* brauchen Sie:
* 2 kg reife Äpfel und Birnen
* 1 kg Zwetschgen
* 1/4 l frischen Apfelsaft
* 1/4 l Wasser
* Backpapier
* einen Dörrapparat

Waschen und vierteln Sie Äpfel und Birnen und waschen und entkernen Sie die Zwetschgen. Aufgrund ihres hohen Pektingehaltes werden die Schalen mitgekocht. Je nach Geschmack können Sie gern auch noch andere Obstarten beimischen, aber die überwiegende Obstmasse sollte immer aus Äpfeln und Zwetschgen bestehen, da diese der Masse eine leicht gummiartige Konsistenz verleihen. Das Obst wird nun zusammen mit der Flüssigkeit langsam unter Rühren gekocht, bis die Früchte zerfallen. Lassen Sie sie nun einige Minuten lang abkühlen und passieren Sie sie dann durch ein Sieb oder die Flotte Lotte. Nun lässt man sie unter gelegentlichem Rühren erneut abdampfen. Das Mus sollte relativ dick sein. Falls es zu flüssig geraten ist, können Sie einen Teil der Flüssigkeit durch ein Sieb abgießen.

Hat das Mus eine schön zähe Konsistenz, können Sie mit einem Küchenspachtel oder einem Messer eine relativ dünne Schicht auf ein Stück Backpapier in der Größe des Dörrapparatsiebs auftragen. Nun lassen Sie die Masse im Dörrautomaten langsam trocknen, bis sie eine leicht ledrige, aber nicht zu trockene Konsistenz aufweist. Um Zeit zu sparen, können Sie auch mehrere übereinandergestapelte Schichten auf einmal trocknen. Das fertige »Obstleder« sollte an dünne Kaugummis erinnern und kann zusammengerollt in einer Keksdose aufbewahrt werden.

Kleiner Tipp: Es gibt kaum ein besseres Pausenbrot für Kinder als Kauli, weil er nämlich nicht halb so gesund schmeckt, wie er ist!

Weil er der Tiefkühltruhe eine
ganz neue Bedeutung verleiht

Murphys Gesetz zufolge laufen die Dinge immer genau dann aus dem Ruder, wenn man überhaupt keine Zeit hat, sich darum zu kümmern. In der Arbeit geht es stressig zu, der Nachwuchs liegt mit einer fiesen Kinderkrankheit flach, der Hund hat vergessen, dass er eigentlich stubenrein ist, die nervige Verwandtschaft aus Posemuckel lädt sich selbst zu einem siebentägigen Besuch ein. Und dabei haben Sie sich doch monatelang darauf gefreut, endlich das erste Obst und Gemüse ernten zu können! Klar, dass Ihre Gartenfrüchte ausgerechnet jetzt, wo Sie keine Zeit zum Kochen und Einmachen haben, endlich reif geworden sind.

Das sind die Momente, in denen sich die Tiefkühltruhe als Ihr wichtigster Verbündeter erweist. Denn die meisten Gartenprodukte, die nicht lange haltbar sind, können im Mixer zerkleinert und in der Tiefkühltruhe eingefroren werden – so wie die Zucchini, das viel zitierte Paradebeispiel für Ernteproblemverursacher.

Wenn Zucchini anfangen, Früchte zu tragen, dann immer im großen Stil. Von einem Tag auf den anderen sitzt man auf einem Gemüseberg und weiß kaum mehr, was man damit anfangen soll! Zum Glück können Zucchini ganz leicht haltbar gemacht werden. Einfach waschen, oberes und unteres Ende entfernen, das Fleisch stückeln und im Mixer zu einem cremigen Brei pürieren. Ab damit in den Tiefkühlbehälter, rein in die Truhe, und voilà: Fertig ist eine Basis für winterliche Gemüsesuppen oder eine Zucchinicremesuppe. Auch blanchierte Tomaten und rote Paprika können auf diese Weise gelagert und später als Saucenbasis genutzt werden.

Selbst das eher sensible Obst lässt sich per Tiefkühltruhe haltbar machen. Die Erdbeerernte ist unerwartet groß ausgefallen?

Einfach pürieren und einfrieren. Als Basis für Joghurtdesserts und Smoothies, als Müslizutat oder leckere Sauce für Vanilleeis ist das Püree unbezahlbar. Dasselbe gilt für Aprikosen und Pfirsiche. Wer viel Platz in der Tiefkühltruhe hat, kann auch Äpfel einkochen, durch die Flotte Lotte drehen und dann für den Winter einfrieren. Und wenn Ihnen mitten beim Kompottkochen ein wichtiger Termin dazwischenkommt, können Sie sogar dieses erst mal tiefkühlen und dann zu einem geeigneteren Zeitpunkt in Gläser einmachen. Die Vitamine halten sich dann zwar nicht ganz so gut, aber ganz sicher besser als auf dem Komposthaufen!

Wenn es mal so richtig schnell gehen muss und Sie nicht einmal Zeit zum Pürieren haben, können Sie auch einfach unbehandelte Früchte klein schneiden und in einen Tiefkühlbehälter geben. Allerdings sollten Sie bei dieser Methode, die ich übrigens als »Express-Kompott« bezeichne, die Hohlräume mit frisch gepresstem Apfel- oder Birnensaft auffüllen. Dieser unterstützt die natürliche Süße des Obstes, ohne sie zu unterdrücken, und das Ganze muss vor dem Servieren einfach nur noch aufgekocht werden.

Dies sind nur einige wenige der zahlreichen Möglichkeiten, Ihren Ernteüberschuss »winterfest« zu machen und dabei auch noch eine ganze Menge Zeit zu sparen. Probieren Sie es aus! Ihre Geschmacksknospen und Ihr Terminkalender werden es Ihnen danken!

Weil nichts über den Geschmack
frischer Beeren geht

Wer in seinem Garten Beeren anbaut, kennt die damit einher-
gehende Problematik wahrscheinlich aus eigener Erfahrung:
Die meisten Beerenpflanzen tragen so viele Früchte, dass man
sie unmöglich alle frisch genießen kann. Selbst wenn man den
Garten mal eine Saison lang vernachlässigt hat, tragen etab-
lierte Beerenbüsche und Triebe ungehemmt weiter. Dann gibt es
auch ohne viel Arbeit eine dicke Johannisbeer-, Himbeer- und
Brombeerernte. Nur Erdbeeren sind etwas pflegebedürftiger und
brauchen mindestens eine dichte Mulchschicht, damit sie ohne
viel Mühe weiterhin Früchte tragen. Es gibt einen Grund, warum
sie im englischen *Straw*berries (also Strohbeeren) heißen. Genau
darauf gedeihen sie nämlich bestens.

Wer die Beerenüberschüsse verwerten will, greift meist zum
Einmachglas und kocht Marmelade ein – meiner Meinung nach
eine ziemliche Verschwendung, denn erstens finde ich Marmelade nur in begrenzten Mengen lecker, und zweitens ist mir
bisher nur kalt gerührte Beerenmarmelade untergekommen, die
den köstlichen Geschmack der frischen Früchte authentisch ein-
fangen konnte. Sie sehen: Ich bin kein großer Marmeladentiger.
Deswegen habe ich mir ein paar Beerenverwertungsalternativen
einfallen lassen, die das frische Aroma deutlich besser erhalten
als Einkochen.

So naheliegend wie simpel ist die Methode, die Beeren einfach einzufrieren. Ganz gleich, ob Erd-, Brom- oder Johannisbeere: Die folgende Anleitung lässt sich auf alle Arten anwenden.
Waschen Sie die Früchte und trocknen Sie sie dann gründlich ab.
Danach legt man sie einzeln auf ein Backblech, sodass sie sich
nicht berühren. Wenn sie trocken und einzeln gefroren werden,

kleben sie nämlich später nicht aneinander und lassen sich ganz einfach portionsweise aus dem Gefrierbeutel entnehmen. Ab mit dem Blech ins Tiefkühlfach, bis die Beeren gefroren sind – und schon können Sie sie in einen Gefrierbeutel füllen und platzsparend in der Kühltruhe lagern. Das Ganze lässt sich wiederholen, bis das Obst oder (bei Gärtnern im großen Stil) der Platz in der Kühltruhe ausgeht.

Tiefgefrorene Beeren geben in den vitaminarmen Wintermonaten eine tolle Basis für gesunde Desserts ab und passen perfekt ins Frühstücksmüsli. Falls Sie später im Jahr der Marmeladenjieper überkommt, können Sie die eingefrorenen Früchte auch immer noch einkochen. Am allerliebsten mag ich die Tiefkühlbeeren aber als Beigabe zu Obstsmoothies und als kalorienarmen Eisersatz in den heißen Sommermonaten.

In Smoothies reichen schon paar Beeren aus, um eine etwas festere Konsistenz zu erreichen. Außerdem finde ich die rote Färbung ausgesprochen appetitlich, und ein paar zusätzliche Vitamine können sowieso nie schaden.

Für meine »falsche« Eiscreme nutzt man Joghurt als Grundzutat und süßt ihn nach Belieben mit Zucker, Honig oder dem gesünderen natürlichen Süßstoff Stevia. Füllen Sie den Joghurt in den Mixer und geben Sie die gefrorenen Beeren direkt aus der Kühltruhe hinzu. Weil sie so kalt sind, verhärtet sich der Joghurt, sobald er mit ihnen in Berührung kommt. Mit kleineren Beeren wie Johannisbeeren kommt der Mixer problemlos zurecht, auch wenn sie steinhartgefroren sind. Größere Beeren wie Erdbeeren müssen in den meisten Fällen zumindest angetaut werden. Nach dem Zerkleinern sollte das leckere Möchtegern-Eis umgehend serviert werden, ehe es schmelzen kann.

Sie werden staunen, wie viel Freude und Sommerlaune ein wenig frischer Beerengeschmack in den dunklen Monaten auslösen kann!

Weil Sie Ihre Obsternte mit dem Dörrapparat zuckerfrei konservieren können

Da hat man schon einen ganzen Garten voll mit supergesundem Obst direkt vor der Haustür – und dann muss man Teile seiner Ernte trotzdem mit Zuckerbergen konservieren, wenn man nicht die Hälfte davon wegschmeißen will ... jedenfalls, bis man sich einen Dörrapparat zulegt. Mittlerweile gibt es diese Geräte schon im handlichen Küchenformat, und sonderlich teuer sind sie auch nicht mehr. Mithilfe eines Dörrapparats konserviertes Gartenobst enthält außer natürlicher Fruktose keinen zusätzlichen Zucker – und lecker schmeckt es trotzdem! Im Vergleich zu industriell hergestelltem konservierten Obst können Sie bei der Eigenherstellung außerdem verhindern, dass Ihre Leckereien mit verborgenen Zusatzstoffen, Weißmachern und Zuckerersatzmitteln angereichert sind.

Die Anwendung von Dörrapparaten ist ziemlich unkompliziert: Solange Sie darauf achten, dass Sie die Früchte langsam und bei niedriger Temperatur trocknen und nicht *über*trocknen, können Sie eigentlich nichts falsch machen.

Am häufigsten werden mit dieser Methode Äpfel getrocknet, die dafür in dünne Ringe geschnitten werden. Zwischen den verschiedenen Sorten gibt es allerdings ziemliche Unterschiede: Manche verwandeln sich in harte Klumpen, andere werden zu saftigen, süßsauren Leckerbissen. Mehligere Sorten wie etwa Golden Delicious, Croncels, Goldparmäne oder Gelber Edelapfel oder aromatische wie manche Renetten lassen sich gut trocknen. Saurere Kochäpfel wie Boskop sind bezüglich der Konsistenz eher enttäuschend.

Kirschen und Pflaumen können im Ganzen getrocknet werden, müssen aber sorgfältig kontrolliert werden – einerseits, weil sie schimmeln können, andererseits, weil sie schnell zu trocken werden. Kleinere Beeren trocknen nicht so wirklich gut, aber halbe oder in Scheiben geschnittene Birnen, Aprikosen und Pfirsiche gelingen meistens recht einfach. Da sie so feucht sind, sollte man während des Trockenprozesses ein Blatt Butterbrotpapier unter die Früchte legen. Sonst tropft der Saft nämlich in den Lüftungsventilator des Dörrapparats und verbrennt dort, sodass sich das Gebläse nicht mehr bewegen kann.

Auch einige Gemüsearten können mit dem Dörrapparat getrocknet werden – um ehrlich zu sein, war ich von den Ergebnissen in den meisten Fällen aber eher weniger überzeugt. Wirklich gelungen fand ich meistens nur Pilze und natürlich Trockenbohnen. Solange Sie sie nur als Suppengemüse verwenden wollen, können Sie auch Sellerie, Pastinaken und Karotten trocknen – allerdings ist es ziemlich schwierig, die richtige Stückchengröße und Hitzeeinstellung zu finden, um ein wirklich gutes Ergebnis zu erzielen. Auch manche grünen Bohnen lassen sich gut trocknen, doch in den meisten Fällen ist das Ergebnis geschmacklich eher enttäuschend. Deswegen kann ich nur dazu raten, beim Dörrobst zu bleiben und mit diesem herumzuexperimentieren.

Weil seine Früchte mit der richtigen Methode monatelang gelagert werden können

Eine der sympathischsten und gleichzeitig anstrengendsten Eigenschaft von Gärten ist, dass sie keine halben Sachen machen: Entweder, es gibt kaum etwas zu ernten, oder alles reift auf einmal. Aus diesem Grund sind die meisten Gärtner auch Könige im Konservieren von Obst und Gemüse. Schließlich braucht man im Winter und Frühling ja auch etwas zu essen!

Einige Gemüsesorten lassen sich ganz einfach bei Raumtemperatur lagern: Zwiebeln, Knoblauch und Chilis können einige Monate lang an einem trockenen, nicht zu warmen Ort aufbewahrt werden. Das Einzige, was Sie noch tun müssen, ist, sie regelmäßig auf Fäulnis zu kontrollieren. Dasselbe gilt auch für die meisten Arten von Winterkürbissen, wobei diese allerdings vor der Lagerung ein paar Tage lang in der Sonne ausgereift werden müssen. Auch Zwiebeln und Knoblauch trocknet man traditionell einige Tage lang in der Sonne oder einem trockenen Raum. Dann entfernt man Schmutz und die lose gewordenen Hautschichten und flicht die getrockneten Stiele so zusammen, dass sich die einzelnen Zwiebeln beziehungsweise Knoblauchknollen nicht gegenseitig berühren und von allen Seiten genug Luft bekommen. Chilis trocknet man entweder draußen an einem schattigen Plätzchen oder mithilfe von künstlicher Wärme. Auch sie können zu losen Girlanden zusammengeflochten werden, oder man lagert sie in Papiertüten an einem trockenen Ort. Von Plastikbehältnissen ist abzuraten, da die Restfeuchte nicht aus ihnen entweichen kann, was häufig zu Fäulnis führt.

Kartoffeln und Äpfel haben es dagegen gern etwas feuchter und kühler. Kartoffeln sollten niemals direktem Sonnenlicht ausgesetzt werden, da sie dann giftiges Solanin produzieren.

Außerdem sollte man Kartoffeln und Äpfel nicht nebeneinander lagern, weil die Äpfel Ethylen absondern, das zu einer Überreife der Kartoffel führen kann. Wenn Ihre Ernte eher klein ausfällt, sind Obststiegen tolle Lagerbehälter, weil sie die Kontrolle der Knollen und Früchte auf Verfallserscheinungen erleichtern. Kartoffeln melden sich übrigens von selbst, wenn sie schlecht werden: Kaum etwas stinkt so widerlich wie eine vergammelte Kartoffel.

Früher, als noch viele Häuser über einen Erdkeller verfügten, lagerte man das Gemüse entweder dort unter Sandhaufen oder in sogenannten Erdmieten, in denen man das Gemüse vergrub. Beides erfordert nicht nur eine Menge Platz, sondern auch ganz schön harte Arbeit und handwerkliches Talent. Deswegen wurde eine Variante entwickelt, die auch in einem ganz normalen Keller oder kalten Raum funktioniert, körperlich nicht so anstrengend ist und nicht so unfassbar viel Dreck macht: Nehmen Sie einfach einen großen Kübel und geben Sie Wurzelgemüse wie Karotten, Sellerie, Rote Rüben oder Rüben hinein. Die Wurzeln sollten von überschüssiger Erde befreit und am oberen Ende etwa zwei Zentimeter oberhalb der Wurzel abgeschnitten werden. Füllen Sie nun die Hohlräume mit Sägespänen aus und befeuchten Sie diese, bis sie zwar feucht, aber nicht triefend nass sind. Kontrollieren Sie wöchentlich, ob das Gemüse zu trocken oder zu feucht ist. Wenn Sie Gemüse entnehmen, können Sie das nun überschüssige Sägemehl übrigens gleich auf den Komposthaufen entsorgen – es ergibt zusammen mit stickstoffhaltigem Material tollen Dünger.

Weil es die besten Gelees nicht im Supermarkt, dafür aber in Ihrem Garten gibt

Meiner Meinung nach gibt es kein auch nur ansatzweise so leckeres Obstgelee wie das aus Berberitzen. Auch die klare, leuchtend rote, fast durchscheinende Färbung ist absolut einzigartig, und im Gegensatz zu den meisten Wildbeeren enthalten die reifen Früchte keine bedenklichen Bestandteile.

Das Problem ist nur: Im Supermarkt werden Sie Berberitzengelee mit fast hundertprozentiger Wahrscheinlichkeit *nicht* bekommen. Na ja, zum Glück haben Sie ja einen Garten, der Sie mit den nötigen Zutaten versorgt, um diese außergewöhnliche Köstlichkeit selbst zuzubereiten. Die Ernte ist allerdings eine ziemliche Herausforderung, denn die Beeren sind winzig, und die Pflanzen haben hinterlistige Dornen, die den unvorsichtigen Gärtner ziemlich zurichten können. Aber glauben Sie mir: Berberitzengelee ist so lecker, dass sich die Strapazen selbst für ein oder zwei Gläser schon lohnen. Und so wird es zubereitet:

Berberitzen-Gelee
* ½ l Berberitzensaft
* ½ l Apfelsaft von etwas unreifen Früchten
* ½ kg Gelierzucker

Die reifen, gewaschenen und gereinigten Beeren werden in wenig Wasser kurz aufgekocht und danach ausgesiebt. Mischen Sie dann einen halben Liter Berberitzensaft mit einem halben Liter Saft von leicht unreifen Äpfeln. Kochen Sie alles zusammen mit einem halben Kilo Gelierzucker, bis der Gelierpunkt erreicht ist. Danach wird die Mischung in Gläser gefüllt. Geübte Köche können statt Gelierzucker auch normalen Kristallzucker verwenden, da die noch nicht ganz reifen Äpfel viel Pektin erhalten.

Generell haben Wildbeeren mehr Eigengeschmack, weswegen sich auch aus anderen Arten wie Ebereschen (Vogelbeeren), Hagebutte und Sanddorn Gelees herstellen lassen, die echte Geschmackserlebnisse sind. Da ich nicht allein mit meiner Begeisterung für Wildbeeren bin, wurden aus den Wildpflanzen mittlerweile einige kultivierte Sorten gezüchtet, die größere, süßere Früchte tragen. Leider hat sich das auch in der Vogelwelt herumgesprochen: Solche Leckerbissen lässt sich keiner unserer gefiederten Freunde freiwillig entgehen. Wenn Sie also entsprechende Pflanzen anbauen, sollten Sie sich darauf gefasst machen, dass Sie Ihre Ernte mit Zähnen und Klauen verteidigen müssen.

Manche Leute halten Ebereschen für giftig – ganz richtig ist das aber nicht. Genauso wie bei Holunderbeeren sind die Beeren roh zwar unverträglich, gekocht aber absolut harmlos – und kochen müssen Sie sie ja sowieso, wenn Sie Gelee zubereiten. Die Süße oder Mährische Eberesche (*Sorbus aucuparia var. edulis* oder *var. moravica*) ist besonders süß, aber eigentlich können Sie jede Ebereschenart verwenden, *wenn* Sie sie nach dem ersten Frost geerntet haben und *wenn* Sie eine der Vogelbeeren probiert haben. Wenn sie extrem bitter ist, sollten Sie von der Ernte absehen – für Gelees eignen sich nur die leicht herben Beeren.

Wildbeerensträucher und -bäume können in Hecken oder am Gartenrand gepflanzt werden. Sanddorn und Berberitzen geben im Herbst einen wunderschönen Anblick ab. Und ganz nebenbei locken Sie mit diesen Pflanzen auch noch Vögel an, da die Wildbeerengewächse Nahrung im Überfluss bieten und ihre Stacheln die Nester der Vögel schützen. Aber ein Vorteil ist das natürlich nur, wenn Sie noch bereit sind, mit den Vögeln zu teilen, nachdem Sie Ihr erstes hausgemachtes Wildbeerengelee probiert haben ...

Weil Obstler der bessere Schnaps ist

Mit Obstbäumen ist das so eine Sache ... manchmal erwischt der Frost die Früchte noch in der Blüte, sodass es zur Erntezeit keinen einzigen Leckerbissen zu ernten gibt ... oder sie bringen so viel frisches Obst hervor, dass man gar nicht mehr weiß, was man eigentlich damit anstellen soll. In einem richtig guten Erntejahr werden Sie schnell feststellen, dass man nur so und so viel Frischobst, Obstkuchen, Marmelade und selbstgepressten Saft aus der neuerstandenen Obstpresse zu sich nehmen kann. Das ist der Zeitpunkt, an dem man zum Schnapsbrenner werden sollte.

Da die gesetzlichen Beschränkungen für die Alkoholproduktion ziemlich undurchschaubar sind, würde ich Ihnen allerdings dazu raten, die Früchte zwar selbst zu ernten und einzumaischen, die tatsächliche Destillation aber von einem Brennmeister durchführen zu lassen. Fast alles Obst kann zu Alkohol destilliert werden: Von Apfel über Birne bis zu Kirsche, Marille beziehungsweise Aprikose, Zwetschge, Holunder und Eberesche, von Johannisbeere, Stachelbeere, Heidelbeere und Berberitze bis zu Kornel- und Traubenkirschen, Weinbergpfirsichen, Preiselbeeren und Wacholder, Hagebutte und Himbeere gibt es kaum etwas, das Sie nicht für Ihre Hausbar verwerten können. Das Verhältnis zwischen Erntebemühungen und Schnapsmenge ist bei Äpfeln, Birnen und Zwetschgen am besten, weswegen diese Sorten am häufigsten für die Alkoholproduktion genutzt werden.

Wenn Sie es eher etwas lieblicher mögen, können Sie statt Schnaps auch Ihren eigenen Likör herstellen (hier können Sie auch ein bisschen schummeln, indem sie einfach gekauften Alkohol verwenden). Einer meiner Favoriten ist der leckere Nusslikör, der häufig auch fälschlicherweise als »Nussschnaps« bezeichnet wird. In Österreich trinkt man ihn übrigens nicht nur zum Vergnügen: Dort ist er auch die Volksmedizin Nummer eins gegen Regelkrämpfe. Da er so gut schmeckt, greift aber sicher so manche Frau öfter zur Likörflasche, als aus gesundheitlichen Gründen wirklich nötig wäre. Und so stellt man *Nusslikör* her:

Sie brauchen
* 2 l Obstler, Branntwein oder Korn
* 1 kg grüne Nüsse
* 2 Stück Stangenzimt
* 10 g Nelken
* evtl. 1 Anisstern oder 10 Pimentkörner
* 400 g Zucker (Kandiszucker)
* 3/4 l Wasser

Die Nüsse werden etwa ab Ende Juni geerntet, wenn sie noch grün und unreif sind. Schneiden Sie sie mitsamt der Schale in Scheiben. Wenn Sie Probleme haben, die Schalen mit einem guten Messer zu durchtrennen, sind die Nüsse bereits zu reif. Ziehen Sie am besten Handschuhe an, da die Nüsse stark abfärben. Nun werden Nussscheiben und Gewürze in ein großes, gut verschließbares Glas oder eine entsprechende weithalsige Flasche gefüllt. Übergießen Sie das Ganze mit dem Schnaps und lassen Sie es dann fünf bis acht Wochen lang verschlossen auf einem sonnigen Fensterbrett ziehen.

Danach wird der Inhalt abgeseiht und durch einen Kaffeefilter geschüttet. Bringen Sie nun das Wasser in einem Topf zum Kochen. Dann lösen Sie den Zucker darin auf und kochen die Mischung noch einmal kurz auf. Anschließend muss sie abkühlen und kann dann mit dem Nussschnaps vermengt werden. Nun wird die Flüssigkeit ein letztes Mal gefiltert und in kleine, saubere und dunkle Flaschen abgefüllt und mit Korken verschlossen. Sollten Sie die Geschmacksmischung aus herben Gewürzen und bitteren Nüssen nicht mögen, können Sie die Gewürze auch erst am Ende der Einlegezeit dazugeben und den Zuckeranteil erhöhen. Wer es kräftiger mag, kann hingegen den Zuckergehalt reduzieren. Je älter Ihr Likör ist, desto milder wird sein Geschmack.

Mal sehen, was Ihre Gäste sagen, wenn Sie nach dem Essen ein Stamperl selbst gemachten Nusslikör aus Ihrem eigenen Garten servieren!

4

DER GARTEN ALS THERAPEUT

Weil Gärten in Europa von Anfang an als Heilgärten gedacht waren

In Europa assoziierte man Gärten, insbesondere die alten Klostergärten, von Anfang an mit Fragen der Gesundheit. Vor der Entstehung der modernen Medizin waren Klöster und ihre Gärten in vielen Regionen die Hauptquelle für Heilmittel – oder sogar die einzige. Karl der Große erkannte den Wert des Gartens und die Heilkraft von Kräutern schon im 8. Jahrhundert und ergriff entsprechende Maßnahmen: In seiner Landgüterverordnung *Capitulare de villis vel curtis imperii* versuchte er zu reglementieren, welche Pflanzenarten auf den kaiserlichen Gütern angebaut werden sollten. Circa achtzig Pflanzen und Heilkräuter sowie 16 Baumarten listete der Kaiser in seinem für damalige Verhältnisse bahnbrechenden Dokument auf. Noch heute vielverwendete Küchen- und Heilkräuter wie Rosmarin, Estragon, Petersilie, Salbei und Fenchel tummelten sich in den sogenannten Karlsgärten neben (aus heutiger Sicht) eher exotischen Gewächsen wie Wein- und Eberraute, Frauenminze, Bockshornklee oder Indischer Kostuswurzel.

Jahrhundertelang wurden zahlreiche Gärten nach seinen Vorgaben angelegt, was bis heute starken Einfluss auf die Auswahl der Pflanzen hat, die traditionell in mitteleuropäischen Gärten angebaut werden. Wer sich für diesen historischen Aspekt der Gartenkunst interessiert, der kann den neuen Karlsgarten bei Aachen besuchen, wo man im Jahr 2000 einen Neuversuch gewagt hat, alle auf der ursprünglichen Liste vertretenen Pflanzen wieder anzubauen.

Weil Grün die Farbe des inneren Friedens ist

Irgendetwas haben Gärten an sich, das selbst auf die anstrengendsten und pessimistischsten Menschen eine besänftigende Wirkung ausübt. Des Rätsels Lösung ist umso überraschender, weil es so naheliegend ist: Es ist die Farbe Grün.

In Esoterikkreisen gilt Grün als die Farbe des Herzchakras, das sich angeblich schneller öffnet, wenn wir uns in einer grünen Umgebung befinden. Und wenn das Herzchakra erst mal tiefenentspannt ist, dann sind wir empfänglicher für äußere Einflüsse und unsere Empathiefähigkeit steigt. Ganz so weithergeholt wirkt dieser Ansatz bei genauerem Hinsehen nicht. Schließlich kommt das tiefe, erleichterte Seufzen, das wir manchmal unwillkürlich von uns geben, wenn wir einen schönen Garten betreten, direkt aus der Brust, und genau da fällt uns in solchen Augenblicken auch der dicke Hinkelstein vom Herzen, den wir seit Wochen mit uns herumgeschleppt haben, ohne es überhaupt zu merken.

Grün ist die Farbe von Erneuerung und Frieden und wirkt entspannend und erfrischend für Körper, Geist und Seele. Zu viel Grün sollte es aber auch nicht sein: Eine Überdosis kann nämlich zum sogenannten Grünkoller führen, den man genauso ernst nehmen sollte wie Anfälle von Hüttenkoller.

Um es mit den Worten des Malers Wassily Kandinsky zu sagen: *Grün ist die ruhigste Farbe, die es gibt: sie bewegt sich nach nirgend hin und hat keinen Beiklang der Freude, Trauer, Leidenschaft, sie verlangt nichts, ruft nirgends hin. Diese ständige Abwesenheit der Bewegung ist eine Eigenschaft, die auf ermüdete Menschen und Seelen wohltuend wirkt, aber nach einer Zeit des Ausruhens leicht langweilig werden kann.*

Im Garten bilden die grünen Laubwände allerdings einen angenehmen Hintergrund und lassen andere Farben heller strahlen und deutlicher zur Geltung kommen. Mit ein paar bunten Blumen als Akzent kann von Langeweile also keine Rede sein.

Selbst psychische Beschwerden wie Depressionen, Angststörungen, Neurosen und Nervenleiden können durch die friedliche Gartenatmosphäre positiv beeinflusst werden. Natürlich hilft kein noch so schöner Garten, wenn man fremde Stimmen in seinem Kopf hört, Eigenhaar verspeist oder versucht, sich die Katze als Hut aufzusetzen. Aber die grüne Umgebung wird allgemein als unbedrohlich und wohltuend wahrgenommen, was sich in vielfältiger, aber immer positiver Weise auf die Seele niederschlägt.

Weil auch Omma und Oppa ein bisschen Gartenarbeit nicht schadet

Das Durchschnittsalter deutscher Gärtnerinnen und Gärtner beträgt derzeit stolze sechzig Lenze. Daraus lässt sich schließen, dass so mancher Gartenfan in der Methusalem-Liga spielt – so wie Ruth Stout, eine der berühmtesten Senioren-Gärtnerinnen, die den Spitznamen »No Dig Duchess« (auf Deutsch etwa die »Herzogin des Nicht-Schaufelns«) trug. Als echte Exzentrikerin, die ihren Garten bis in ihre Neunziger hinein selbst versorgte, schrieb sie diverse Bücher über die Gartenkunst, von denen eines dem Thema »Gärtnern im hohen Alter« gewidmet ist. Ruth Stout versuchte, sich so wenig Arbeit wie möglich zu machen, was ihr vornehmlich dadurch gelang, dass sie den Boden mit einer bis zu 20 Zentimeter hohen Mulchschicht bedeckte, die die Unkrautwucherung unterdrückt, den Boden feucht hält und Nährstoffe für die Pflanzen bietet. Ein bisschen Arbeit bleibt natürlich auch mit dieser Methode, aber ein großer Teil der Tätigkeiten, die gerade für ältere Gärtner schwierig sind, wie tiefes Graben und Unkrautjäten auf den Knien, fallen weg. Dass Mrs. Stout sich bis ins hohe Alter selbst um ihren Garten kümmern konnte, ist wohl der beste Beweis für die Effizienz ihrer Methode – und nebenbei auch dafür, dass Gärtnern etwas älteren Kalibern guttut.

Tatsächlich erscheint der Garten mit zunehmendem Alter als immer verlockenderer Aufenthaltsort. Die meisten Menschen werden mit den Jahren etwas langsamer, und da stellen die sanften Rhythmen der Natur eine echte Wohltat dar.

Auch die häufig auftretende Altersdepression kann ein eigener Garten lindern. Das Problem mit dem Rentnerdasein besteht vornehmlich darin, dass man nach vierzig oder fünfzig Jahren Berufsleben völlig vergessen hat, wie man sich eigentlich mit sich selbst beschäftigt. Ist der Ruhestand, auf den man sich jahrzehntelang gefreut hat, erst mal zur Realität geworden, finden sich plötzlich eine Menge Gründe, doch unzufrieden zu sein – und sei es nur, weil man sich einfach so fürchterlich *nutzlos* fühlt.

Da kann ein Garten wahre Wunder bewirken – denn Gärtnern hilft nicht nur, den Körper, sondern auch den Kopf fit zu halten. Man hat einen Grund, jeden Tag das Haus zu verlassen, trägt Verantwortung, und schon steigen Selbstwertgefühl und Selbstvertrauen. Beweglichkeit und Körperkraft nehmen zu, wodurch das Sturzrisiko gesenkt wird. Außer vielleicht bei Schwipponkel Elmer, der seinen neugewonnenen Elan allen Warnungen zum Trotz mit Vorliebe auf einer wackeligen Gartenleiter unter Beweis stellt.

Zudem regt die Atmosphäre im Garten die Sinne an – und zwar vom Kopf bis zu den Zehen, von der Nase bis zu den Ohren. Das Gehirn reagiert sofort auf die Reize und aktiviert Regionen, die gerade ältere Menschen sonst nicht oft benutzen.

Besonders auf Demenz-Patienten haben Gärten eine außerordentlich wohltuende Wirkung. Blumen, Büsche, Bäume, Tiere wollen versorgt werden und brauchen Aufmerksamkeit. Alte Fähigkeiten werden reaktiviert, die Synapsen ackern wieder, und plötzlich steigt das Konzentrationsvermögen. Schwere Fälle von Demenz und Alzheimer sind zwar irreversibel, aber selbst starkes Leiden kann gelindert werden, wenn der Patient inneren Frieden empfindet und sich zugehörig und verantwortlich fühlt.

Weil Gartenarbeit das Immunsystem pimpt

Die gärtnerische Arbeit gilt als ein Heilmittel, das hilft,
Ordnungen und Rhythmen wiederherzustellen,
die beschädigt worden oder abhanden gekommen sind.

JÜRGEN DAHL, 1929 – 2001

Dass regelmäßige körperliche Betätigung gut für die Gesundheit ist, ist kein Geheimnis. Warum ausgerechnet Gartenarbeit besonders stärkend auf unser Immunsystem einwirkt, ist schon etwas schwieriger zu erklären. Denn die rhythmischen, gleichmäßigen Abläufe des Gärtnerns bringen die meisten Körperfunktionen auf geradezu mysteriöse Weise ins Gleichgewicht und stabilisieren damit auch unser Immunsystem. Und wer während der ermüdend kaltfeuchten Wintermonate gesund bleiben will, der braucht nun mal eine funktionierende Eigenabwehr.

Das Immunsystem ist das biologische Abwehrsystem, sozusagen die Flak des Körpers, die die Geschwader aus hinterhältigen Bakterien, Viren, Parasiten und Pilzerkrankungen, mit denen wir tagtäglich bombardiert werden, einfach abschmettert. Leider hat das Immunsystem aber zunehmend auch mit einer Menge chemischer Giftstoffe zu kämpfen, die seine Wirkungskraft beeinträchtigen und Energie abziehen, die wir eigentlich darauf verwenden sollten, Krankheiten abzuwehren. Gartenarbeit regt neben vielen weiteren Funktionen des Organismus auch das Immunsystem an – und zwar zu Spitzenaktivitäten.

Also weg mit den überflüssigen Pillen, Fläschchen und Pulvern! Geben Sie Ihrem Immunsystem die Chance, von selbst wieder auf die Beine zu kommen! Nahrungsergänzungsmittel können hilfreich sein, wenn man gerade eine schwere Krankheit überstanden hat. Aber nur, weil Sie sich regelmäßig mit Erkältungen oder Magen-Darm-Beschwerden herumplagen, brauchen Sie noch lange keine chemische Unterstützung. Die langsamen, durchdachten und regelmäßigen Bewegungen, die die Gartenarbeit erfordert, stärken Immunsystem, Herz- und Lungenfunktion auf natürliche und »körpernahe« Weise. Und dadurch sinkt das Risiko für Herzerkrankungen, Kreislaufbeschwerden und Cholesterinprobleme sowie für Diabetes. Dreißig bis sechzig Minuten Gartenarbeit pro Tag reichen aus, um sich wieder fit zu fühlen und dem Virenansturm einigermaßen gewachsen zu sein. Und falls das in Ihren Ohren nach Zeitverschwendung klingt: Erinnern Sie sich einfach an Ihre letzte Grippe, die Sie für einige unerträgliche lang(weilig)e Tage ans Bett gefesselt hat! Ist es da nicht wesentlich verlockender, regelmäßig an der frischen Luft im Garten zu werkeln?

Weil Sie im Garten Ihren ganzen Frust
in den Boden ableiten können

Je mehr Sie von diesem Buch schon gelesen haben, desto deutlicher dürfte Ihnen geworden sein, wie wichtig mir Entspannung und Seelenruhe sind. Eine meiner liebsten Übungen, die der inneren Ausgeglichenheit dient, stammt aus der chinesischen Medizin und funktioniert eigentlich nur dann so richtig, wenn man sie im Garten ausführt: Ich spreche von einer Qigong-Übung mit dem klangvollen Namen »Die sprudelnde Quelle«.

In der traditionellen chinesischen Medizin geht man davon aus, dass sich in der kleinen Delle an der Fußunterseite, in der der Fußrücken in die Zehen übergeht, ein Akupunkturpunkt befindet, der als »Sprudelnde Quelle« bezeichnet wird. Es heißt, dass man über diesen Punkt Energie (oder »Qi«) aufnehmen kann, sobald er in Berührung mit dem Erdboden kommt. Gleichzeitig werden durch ihn negative Gedanken und Gefühle wie Ärger und Groll in die Erde abgeleitet – Sie erden Ihren emotionalen Unrat also förmlich.

Ein Platz in der freien Natur ist für diese Übung ziemlich wichtig – schließlich brauchen Sie echte Erde unter den Füßen. Natürlich können Sie auch einen öffentlichen Park aufsuchen. Aber mal ehrlich: Fühlen Sie sich nicht etwas schutzlos, wenn Sie vor fremden Augen Hausputz in Ihrer Seele machen?

Am besten, Sie suchen sich also ein ruhiges Fleckchen im Garten, also eine abgelegene Ecke, die wenig bis keinen Einblick gewährt. Dort begeben Sie sich in die sogenannte Reiterstellung: Die Füße werden eine Schulterbreite voneinander entfernt positioniert, die Knie leicht gebeugt, der Nacken bleibt gerade. Richten Sie den Blick nach vorne und legen Sie die Zunge locker gegen den Gaumen. Die Schultern bleiben entspannt, die

Arme hängen locker an den Seiten herab. Jetzt atmen Sie ganz langsam und tief ein und aus und stellen sich dabei vor, dass Sie ausgehend von der Mitte Ihrer Füße eine Verbindung zur Erde herstellen. Versuchen Sie, sich so gut wie möglich zu entspannen, und vergessen Sie dabei nie, gleichmäßig und tief durchzuatmen. Wenn Sie Ihren Atemrhythmus gefunden haben, stellen Sie sich vor, wie Sie mit jedem Atemzug negative Gedanken und Gefühle in den Boden abgeben und im Gegenzug angenehm wärmende Heilenergie aus der Erde in Ihre Körpermitte aufsteigt. Lassen Sie zu, dass sich die Energie dort sammelt und niederlässt. Atmen Sie noch einige Minuten lang ganz tief weiter ein und aus. Spüren Sie Ihre Körpermitte und Ihre innige Verbundenheit mit der Erde. Und wenn Sie genug davon haben, schütteln Sie einfach ein bisschen die Beine aus und stürzen sich wieder in den Alltag – und zwar mit einem viel besseren Gefühl als vor der Übung! Sie werden sehen: Der Erdboden ist unendlich geduldig, und so viele negative Gefühle, wie er aufnehmen kann, kann selbst der größte Pechvogel und Miesepeter nicht haben!

Weil die Knochen von der Knochenarbeit profitieren

Einer der unangenehmen Nebeneffekte des Alterns ist die Tatsache, dass die Knochen von Jahr zu Jahr brüchiger werden und man gleichzeitig immer fallgefährdeter wird. Die Ärzte reden von Osteoporose und Osteopenie und empfehlen Kalziumtabletten und Medikamente gegen den Knochenschwund. Und weil Sie nicht enden wollen wie Ihre Großtante, die so schwache Knochen hatte, dass sie nur noch gebeugt ging und bei jedem Schritt vor Schmerzen zusammenzuckte, trinken Sie eine Menge Milch, denn die enthält ja bekanntlich besonders viel Kalzium. Erstaunlicherweise ist die Osteoporose-Quote in den westlichen Industrienationen aber besonders hoch – also ausgerechnet in jenen Ländern, in denen besonders viel Milch getrunken und Kalzium-Nahrungsergänzungsmittel konsumiert werden. Im Orient und in Afrika beispielsweise ist Osteoporose wenig bekannt.

Der Grund für die Seltenheit der Krankheit in diesen Regionen ist vermutlich auf zwei Ursachen zurückzuführen: Zum einen essen die Menschen in diesen Ländern eine Menge grünes Blattgemüse und andere pflanzliche Kalziumquellen, die der Körper besser aufnehmen kann. Zum anderen ist die Bevölkerung dort körperlich aktiver als im Westen. Körperliche Aktivität stärkt die Knochenmatrix und die Muskulatur, die den Knochen Halt gibt. So werden die Gelenke fester verankert und stabilisiert, was gerade für ältere Menschen wichtig ist.

Da man uns im Biologieunterricht immer diese gruseligen Schulskelette vorgeführt hat, haben viele Menschen eine gehörige Angst vor ihnen und halten unsere Knochen für einen toten, stockartigen Rahmen, an dem der Rest unseres Körpers aufgehängt ist. Doch die Wahrheit sieht ganz anders aus. Solange wir leben, leben auch unsere Knochen. Sie bestehen aus Knochenmark, besitzen einen Stoffwechsel und können Prellungen erleiden, brechen und splittern sowie repariert, geschwächt und gestärkt werden. Außerdem erneuern sie sich alle acht bis zehn Jahre. Schädlich für die Knochen sind die üblichen Verdächtigen: Rauchen, Alkohol, zu hoher Koffeinkonsum, Stress und Schlafmangel. Aber es gibt vieles, was wir für unsere Knochengesundheit tun können: Gezielte körperliche Bewegung, ausreichende Kalorien- und Eiweißversorgung, leicht absorbierbare Kalziumquellen und insbesondere Vitamin D tragen dazu bei, dass unser Skelett fit bleibt.

Vitamin D ist sozusagen der Regulator für den Stoffwechsel der Knochenmineralstoffe Kalzium und Phosphat. In den Industrieländern leidet die Bevölkerung zunehmend an Vitamin-D-Mangel, weil wir zu viel in geschlossenen Räumen sitzen und wenig Vitamin-D-haltige Nahrungsmittel wie Fisch, Eier, Innereien und Avocados zu uns nehmen. Das Vitamin wird unter Lichteinfluss in der Haut gebildet – über eine ganze Woche hinweg brauchen wir eigentlich nur eine einzige Stunde starke Sonnenlichteinstrahlung auf der Haut, um ausreichend mit dem Gesundmacher versorgt zu sein.

Und diese eine Stunde sollte doch wirklich kein Problem sein, wenn Sie Ihren eigenen Garten versorgen müssen! Die für die Knochengesundheit ebenfalls wichtige körperliche Bewegung ist außerdem inklusive. Also auf in den Garten, und ran an die Knochenarbeit!

Auch Ihren Kindern tun Sie übrigens etwas Gutes, wenn Sie sie öfter mal in den Garten schicken: Mangelhaft mit Vitamin D versorgte Kinder entwickeln häufiger Typ-1-Diabetes als Kinder, die viel an der Sonne sind. Mit ein bisschen Bewegung an der frischen Luft kann man das Übel also buchstäblich an der Wurzel packen.

Weil auch Gemüse Heilwirkung hat

Wenn wir darüber nachdenken, in welcher Form ein Garten unsere Gesundheit unterstützt, fallen uns meist nur ganz allgemeine Punkte ein: Er zwingt uns zur Bewegung und an die frische Luft, wir können dort Heilkräuter anbauen und Stress abbauen. Dabei vergessen wir völlig, dass die Ernährung die Gesundheitsquelle Nummer eins und gutes, frisches Gemüse absolut notwendig für das reibungslose Funktionieren unseres Körpers ist.

Zum einen helfen Gemüse, Obst und Kräuter dem Körper dabei, das Säure-Basen-Gleichgewicht aufrechtzuerhalten. Die meisten Nahrungsmittel, die wir zu uns nehmen, sind leicht säurehaltig – viele, wie Kaffee, Tee, Weißbrot und Zucker sowie Süßstoff, sind sogar *extrem* säurehaltig. Nur Obst, Gemüse und Kräuter können unsere Ernährung wieder in einen basischen Zustand zurückversetzen. Wenn unser Blut weniger säurehaltig ist, können sich durch Bakterien, Viren, Parasiten und Pilze verursachte Krankheiten nur schwer in unserem Körper ausbreiten. Aber auch bei lebensbedrohlichen Krankheiten wie Krebs sollte auf eine basenreiche Ernährung umgestellt werden. Denn in einem basischen Milieu wachsen Krebszellen nicht so aggressiv wie in einem hoffnungslos übersäuerten Körper.

Ein tolles Beispiel für die Heilwirkung von Gemüse sind grüne Bohnen, die in so gut wie jedem Garten gedeihen. Frische Bohnen gelten allgemein als hilfreich bei der Behandlung von Diabetes. Sie sind nicht nur basenreich, sondern weisen auch einen sehr geringen natürlichen Zuckergehalt, dafür aber umso mehr Fasern und einen ordentlichen Eiweißanteil auf. So kann dieses unscheinbare Gemüse dazu beitragen, sowohl den Blutzuckerspiegel, als auch den Cholesterinspiegel zu senken. In Anbetracht der weiten Verbreitung von erhöhten Zucker- und Cholesterinwerten in unserer modernen, hektischen Welt kann man sich nur wünschen, jeder hätte einen Garten mit einem großen Beet voller Bohnen.

Und weil sie so leicht zu züchten sind, sind sie vielleicht genau der richtige Anfang für jeden Gartennovizen, der sich mithilfe seines eigenen Gemüses gesünder ernähren will. Nur einige Bohnen müssen Woche für Woche ausgesät werden, und schon haben Sie den ganzen Sommer über durchgehend grüne Bohnen zu ernten (natürlich vorausgesetzt, das Wetter spielt mit). Falls Sie aus reinem Enthusiasmus mehr Pflanzen gezogen haben, als Sie Bohnen essen können, können Sie die Pflanzen einfach Samen ansetzen lassen. Ernten Sie die Samen für das nächste Gartenjahr und trocknen Sie die Bohnenhülsen. Diese geben nämlich einen hervorragenden Heiltee für Diabetiker oder Borderline-Diabetiker ab, können also auch zur Prophylaxe genutzt werden. Gießen Sie einfach einen Viertelliter kochendes Wasser über einen Esslöffel getrocknete Hülsen und trinken Sie den Tee ein- bis zweimal täglich über mehrere Monate hinweg.

Wenn Sie erst einmal angefangen haben, Ihre Ernährung durch Ihr eigenes Gemüse zu ergänzen, werden Sie schnell merken, wie gesund Sie sich plötzlich fühlen. Wegen dieses Effekts hat sich schon so mancher reine Ziergarten in einen Gemüsegarten verwandelt!

Weil er eine Genesungshilfe ist

Wer jemals im Krankenhaus lag, wird sich erinnern können, wie sehr man sich in solchen Zeiten wünscht, diesem sterilen Umfeld so schnell wie möglich zu entkommen und wieder in die »normale« Welt zurückzukehren. Man möchte wieder ordentliches Essen zu sich nehmen, eine vertraute Umgebung um sich herum wissen, in seinem eigenen Bett schlafen, mit dem Hund spielen, am Leben der Kinder teilhaben, einen einfachen Spaziergang machen. Und wenn Sie Gärtner sind, dann kommt auch noch der Kummer darüber hinzu, dass Ihr Garten ohne Ihre Pflege gerade verkümmert. Ihr grüner Daumen kribbelt schon richtig, weil er wieder Erde spüren will.

Auch wenn man noch so schwach ist, dass man sich überhaupt nicht körperlich betätigen kann, oder sich wegen einer Operationsnarbe nicht bücken sollte, reicht es schon, einfach im Garten zu sitzen und seine Umgebung zu betrachten, die Brise zu spüren, die Pflanzen zu riechen und die Nase in die saubere Luft zu halten wie ein Hund bei einem Spaziergang auf einer Waldwiese.

Wenn Ihnen Ihre Familienmitglieder angeboten haben, Ihnen während Ihrer Genesungszeit ein wenig unter die Arme zu greifen, können Sie sogar ein kleines bisschen Rache dafür nehmen, dass alle anderen ihren Spaß hatten, während Sie ans Bett gefesselt waren: Nutzen Sie Ihre Gartenliege als Regiestuhl und kommandieren Sie von da aus einfach alle anderen herum: »Da drüben die Pflanzen brauchen noch mehr Wasser, und sei um Himmels willen vorsichtig mit den Tomatentrieben – die müssen ganz, ganz vorsichtig aufgebunden werden. Neeein, so doch nicht!!« Vielleicht erlauben Sie sich ja sogar einen klitzekleinen Wutanfall – immerhin sind Sie ja gerade quasi dem Tod entronnen, und Ihre Familie zeigt sich im Augenblick ungewöhnlich tolerant.

Dass passionierte Gärtner in ihrem grünen Paradies schneller gesund werden, ist natürlich nicht weiter verwunderlich. Doch auch Menschen ohne grünen Daumen helfen Gärten dabei, sich von Krankheiten und Operationen zu erholen. Selbst in Krankenhäusern und Kurheimen haben einige kluge Köpfe inzwischen begriffen, dass Gärtnern therapeutische Wirkung hat, die Genesungszeit verkürzt und den Heilungsprozess unterstützt. Eine einfache Googlesuche fördert eine erstaunliche Vielfalt an Therapie-Garteneinrichtungen zutage: Sinnesgärten für Demenzerkrankte, Seniorengärten, Gärten für Jugendliche, Meditationsgärten, Psychotherapiegärten, ergotherapeutische Gärten und sogar Gärten, die speziell der Genesung von Folteropfern dienen.

Der Gedanke, dass Gärten positive Wirkung auf die Gesundheit von Menschen hat, scheint sich endlich herumzusprechen – ganz gleich, um welche Art von Leiden und Unwohlsein es nun gehen mag: Die beruhigende Atmosphäre in Gärten lindert zumindest den inneren Aufruhr nach Krankheit, Operationen, traumatischen Erlebnissen und körperlichem Ungleichgewicht.

Unter anderem liegt das sicher auch daran, dass in Gärten soziale Interaktion möglich ist. In Krankenhäusern und Pflegeheimen vegetieren die Patienten oft isoliert vor sich hin und kommunizieren höchstens mit dem Personal und gelegentlichen Besuchern. Der Tag dreht sich um Essenszeiten und die Arztvisite, ansonsten sind nur Langeweile und Einsamkeit angesagt. In einem Garten dagegen kann man sich nicht nur mit anderen Menschen austauschen, sondern auch mit weiteren Lebewesen: mit Insekten, Pflanzen, Kleintieren – und schon sieht man wieder einen Sinn darin, gesund zu werden!

Doch nicht nur Genesungspatienten können in Gärten Kraft finden: Als ich zum ersten Mal eine Patientin mit eingeschränkter Gehirnfunktion in mein eigenes grünes Paradies führte, begriff ich erst, was für eine besondere Form der Freude ein Garten Menschen schenken kann, die anders funktionieren als wir

»Normalen«. Duft und Farben, Formen und Geräusche in Gärten scheinen eine Ruhe und Schönheit auszustrahlen, die die Sinne von geistig Behinderten auf eine außergewöhnliche Weise ansprechen.

Ich werde niemals das Lächeln meiner Patientin vergessen, als ein Schmetterling auf einer Blüte in meinem Garten landete: Die junge Frau sah so aus, als würde sie gerade ein Wunder beobachten, und strahlte, als wäre es Weihnachten, Ostern und ihr Geburtstag zugleich.

Weil sich die Seele in der Natur erholen kann

Manchmal ist der beste Therapeut derjenige, der einfach schweigt und zuhört. Und genau diese beiden Dinge kann Mutter Natur besonders gut. Sie urteilt und redet nicht, bringt allerdings eine Menge Geräusche hervor, die größtenteils beruhigende Wirkung haben. Viele Massagetherapeuten, Reiki-Meister, Akupunkteure und Energiearbeiter spielen in ihren Praxen CDs mit Naturgeräuschen ab, um ihre Patienten in eine ruhige, entspannte Stimmung zu versetzen. Doch mit dem Klang der Natur kann nun einmal keine noch so gute digitale Aufnahme mithalten.

Im Angesicht der Komplexität und Schönheit der freien Natur wirken die menschlichen Ängste und Sorgen oft vergleichsweise klein und unbedeutend. Und auch die Gartenarbeit selbst wirkt sich wohltuend auf die aufgewühlte Seele aus, denn die sich wiederholenden Bewegungen und die dadurch entstehende gleichmäßige Atmung beruhigen die Psyche ungemein. Eine weise Seele behauptete einmal, dass man eine Menge Kummer und Sorgen beerdigen könne, wenn man im Gartenboden gräbt. Meiner Meinung nach geht die Befriedigung, die wir aus der Nähe zur Erde und dem Wachstum von Dingen, die wir selbst gepflanzt haben, ziehen, auf einen sehr urtümlichen Trieb zurück. Unser Geist wird in einem primitiven Teil des Gehirns angesprochen, und Botenstoffe wie Serotonin und Dopamin werden durch den Körper gesendet. Während die neueren Gehirnstrukturen also jammern und klagen, wie gemein die Welt doch ist, befindet sich unser »primitiver« Gehirnbereich in einem Zustand völliger Zufriedenheit, solange wir nur im Dreck wühlen und von angenehmen Düften und Anblicken umgeben sind.

Außerdem wird die Atmosphäre in Gärten allgemein als ausgesprochen unbedrohlich wahrgenommen, was weitreichende positive Auswirkungen auf die verschiedensten seelischen Probleme wie Depressionen, Angststörungen, Neurosen, Nervenleiden und Demenz hat. Zudem werden bei körperlichen Tätigkeiten Endorphine ausgeschüttet und der Hormonspiegel wird reguliert, besonders in Hinsicht auf den schon erwähnten Serotoninhaushalt. Vor allem wer an jahreszeitlich bedingten Depressionen leidet, kann durch ein paar Stunden Gartenarbeit im Sonnenlicht gute Besserung erreichen.

Doch noch eine Eigenschaft des Gärtnerns wirkt sich positiv auf die Seele aus – auch wenn die wenigsten Gärtner gern über sie reden. Denn viele von ihnen neigen zur Eigenbrötlerei und äußern sich oft nur sehr verhalten zu emotionalen Themen (obwohl man das natürlich nicht allzu sehr verallgemeinern sollte). Die Rede ist von der Leidenschaft, die Gärtner für ihr Hobby entwickeln und die die körperliche und psychische Gesundheit vermutlich am meisten stärkt. Das bloße Gefühl, sich leidenschaftlich für eine Sache zu interessieren – und sei es nur die neuste Zuchtrose, eine besonders schöne Blumenwiese oder eine neue Veredelungstechnik –, kann uns eine unglaubliche Energie verleihen. Vielleicht verleitet uns die Leidenschaft, es ein wenig zu übertreiben, sodass wir abends mit Gelenkschmerzen und Muskelkater ins Bett gehen. Aber dafür sind wir auch hochaktiv gewesen und haben den ganzen Tag über kaum Gedanken an deprimierende Themen verschwendet. In seiner Leidenschaft kann man sich selbst verlieren, manchmal sogar stundenlang, und ab und an kann das eine große Wohltat sein.

Außerdem übernehmen wir in dem Moment, in dem wir uns um einen Garten zu kümmern haben, Verantwortung, aus der man wiederum eine Menge Selbstvertrauen schöpfen kann. Plötzlich hat man morgens einen Grund, sich aus dem Bett zu schwingen! Schon so mancher höchst depressive Geselle hat so viel Vergnügen am Gärtnern gefunden, dass er plötzlich wieder Sinn im Leben sah. Denn Verantwortung zu übernehmen führt zu innerer Reife und gibt uns das Gefühl, an etwas Konstruktivem mitzuwirken. Die Schönheit und Gesundheit des Gartens spiegeln sich im Gärtner wider, und das fördert die Selbstsicherheit und das Vertrauen in die eigenen Fähigkeiten.

Aber natürlich tragen Gärten nicht nur passiv durch ihr bloßes Vorhandensein zu unserer seelischen Stärkung bei: Sie sind lebendige Geschöpfe. Ein Garten kann für den Gärtner zu so etwas wie einem geheimen besten Freund werden. Er liebt Sie bedingungslos, wie ein Hund, duldet all Ihre kleinen Macken und gibt Ihnen sogar noch etwas zurück.

In unserem zunehmend komplexen und von Informationen überschütteten Alltag kann man schnell das Gefühl bekommen, dass die eigenen Taten und Entscheidungen überhaupt keinen Unterschied machen. Mittlerweile sehnen sich viele Menschen danach, zu den Wurzeln zurückzukehren, es langsamer angehen zu lassen und mehr im Augenblick zu leben. Und genau diese Punkte sind in einem Garten besonders wichtig.

Weil Meditation an Kraftorten ganz
von allein funktioniert

Die Taoisten sprechen von der Tyrannei der 10.000 Dinge, die sich verschworen haben, um uns von einfacheren Dingen abzulenken. Es ist immer leicht, eine Ausrede dafür zu finden, sich *nicht* zu entspannen, und sehr, sehr schwer, sich einfach zu entscheiden, es zu tun und konkrete Schritte einzuleiten, um echte Ruhe möglich zu machen.

Wenn Sie es wirklich schaffen wollen, im Garten zu entspannen, anstatt die Gartenarbeit nur zu einem weiteren Stresserzeuger auf Ihrer Tagesordnung zu machen, sollten Sie sich ganz bewusst einen ruhigen Ort aussuchen, an dem Sie Kraft tanken können. Welche Ecke im Garten mögen Sie am liebsten? Wo können Sie wirklich entspannen und den ganzen Rest Ihres Lebens vergessen? Nehmen Sie sich Zeit, die richtige Stelle zu finden. Denn sie ist das A und O, wenn Sie Ihren Stress reduzieren wollen.

Es ergibt überhaupt keinen Sinn, Ihre Chaiselongue irgendwo aufzubauen, wo Sie nicht entspannen können. Vielleicht finden Ihre Freunde, dass sich die Stelle eignet und der Stuhl dort gut aussieht. Aber wenn Sie das anders sehen, sollten Sie unbedingt auf Ihre Intuition vertrauen.

Sicherlich waren auch Sie schon einmal in einem von diesen sorgfältig durchgeplanten und akribisch gestalteten Gärten, in denen es Entspannungsecken, eingebaute Bänke und Steintische gibt, Veranda-Garnituren und opulente Grillecken. Aber wenn man sich dann hinsetzt und versucht, sich in all dem Luxus zu entspannen, fühlt man sich doch nicht so richtig wohl. Man fängt an herumzurutschen und steht am Ende wieder auf, weil man sich mit irgendeiner Tätigkeit ablenken will, fühlt sich aber auch dabei irgendwie nicht so ganz zu Hause. Mir ist das vor ein paar Monaten so ergangen, als ich in einem wunderschönen, gepflegten Garten war, mit allem Drum und Dran, inklusive atemberaubend teuren Möbeln. Aber die Gartenbesitzer hatten für mein Empfinden alles an die falsche Stelle gestellt. Nirgendwo konnte ich mich so richtig wohlfühlen.

Und dann gibt es diese andere Art von Garten, in der man, ganz egal wie chaotisch und überwuchert auch alles ist, sofort dankbar in einen Stuhl sinkt und an seiner Limo oder Weißweinschorle nippt, als wäre man gerade nach Tahiti gebeamt worden. Und wenn man dann wieder geht, hat man das Gefühl, tatsächlich im Urlaub gewesen zu sein. Ich kann mich an einen wunderschönen Garten in England erinnern, mit Staudenrabatten, Landschildkröten, die überall herumstreiften, und uralten Rosen, die die Wände hochrankten. Es gab dort keine richtigen »Gartenräume«, sondern nur einfache Stühle, die strategisch so positioniert waren, dass man sich stets in den Schatten zurückziehen oder dem grellen Abendlicht entgehen konnte. Mein Nachmittag dort war einer der friedlichsten in meinem Leben.

Das Geheimnis dieses zweiten Gartens besteht darin, dass seine Besitzer die Entspannungsecken nicht geplant hatten, sondern sie einfach erfahren hatten. Sie haben viel Zeit damit verbracht, die Stellen auszuwählen, und versuchten, nicht mit dem Verstand zu entscheiden. Sie ließen ihren Bauch statt ihren Kopf walten.

Wenn man endlich einen Garten hat, ist es anfangs immer verlockend, alles vom ersten Moment an und bis ins kleinste Detail durchzuplanen, alle Bauarbeiten gleich erledigen zu lassen und erst dann die Erde aufzuschütten. Für manche Sachen eignet sich diese Taktik auch ganz hervorragend – aber Kuschelecken und gemütliche Nischen entwickeln sich eher von selbst, während der Garten Gestalt annimmt. Lassen Sie sich Zeit, die wirklich schönen Stellen zu entdecken.

Wenn Sie den perfekten Platz gefunden haben, können Sie entscheiden, was Sie damit machen wollen. Haben Sie viele Besucher? Möchten Sie gemütliche Abende mit Ihrer Familie verbringen? Oder sind Sie eher introvertiert und wollen, dass Ihr Garten für alle bis auf Ihre engsten Freunde ein Geheimnis bleibt? Brauchen Sie akribische Ordnung, oder können Sie sich im Chaos am besten entspannen? Schließlich ist Entspannung etwas wirklich sehr Persönliches, und niemand weiß besser, wie Sie die Seele baumeln lassen können, als Sie selbst. Es gibt so viele Entspannungsformen wie Menschen. Es gilt nur eine einzige Regel: Hören Sie auf den Rhythmus Ihres Gartens und auf Ihre Intuition, um Ihre ganz persönliche Ecke zum Krafttanken zu finden.

5

DER GARTEN ALS KÜCHENKRÄUTER-FABRIK

Weil sich Blumen auch im Kochtopf gut machen

Blumen in den Kochtopf? Nicht wundern, ausprobieren!

Falsch machen kann man bei Kochexperimenten mit Blüten nicht viel, solange man keine giftigen Exemplare wie Fingerhut und Oleander verwendet. Sie werden staunen, wie sehr die »Blumenküche« Ihr Leben und Ihre Gerichte verfeinern wird!

Zu den vielseitigsten und wohlschmeckendsten Küchenblumen zählen meiner Meinung nach die Ringelblume und der Borretsch. Sie haben einzeln ein ganz fantastisches Aroma, harmonieren geschmacklich aber auch ganz wunderbar miteinander und fühlen sich in so gut wie jedem Garten wohl: Die Ringelblume sät sich bereitwillig im Garten aus und kann sogar ein wenig lästig werden, da sie anderen Pflanzen die Nährstoffe wegnimmt. Für die Küche sind die einfachen ungefüllten Varianten der Ringelblume den gefüllten vorzuziehen. Borretsch gedeiht fast überall, fühlt sich aber wohler bei leichtem Schatten oder an teilweise sonnigen Standorten. Es gibt ihn in weiß und blau blühenden Varianten.

Die Blüten der Ringelblume können als Safranersatz verwendet werden. Reisgerichten verleihen sie einen sanften, Suppen einen intensiven Orangeton. Besonders gern verwende ich sie in Hühnerbrühe, die ja farblich oft ziemlich fade aussieht. Auch Kartoffel- und Nudelsalat profitieren optisch von ein paar hineingestreuten Ringelblumenblütenblättern. Damit tun Sie übrigens nicht nur Ihren Augen, sondern auch Ihrem Körper etwas Gutes: Ringelblumenblütenblätter stärken nämlich die Verdauungsorgane und regen die Verdauung an. Besonders heilsam sind sie für Menschen mit Leber- und Gallenblasenproblemen, und auch zur Krebsvorbeugung werden sie immer wieder empfohlen.

Vergessen Sie aber nie, die Kelche zu entfernen! In denen verstecken sich nämlich nicht nur häufig Insekten, sondern sie sind auch unangenehm bitter und können leicht ein ganzes Gericht verderben.

Ein noch größerer Augenschmaus als die Ringelblume ist der Borretsch. Die leuchtend blaue Farbe und die Sternform der zarten Blüten kommen häufig gar nicht richtig zur Geltung, wenn sie am Stängel hängen, da die Pflanze selbst so fleischig und dominant wirkt. Auf dem Teller aber springen sie einem förmlich ins Auge. Genauso wie Ringelblumen machen sie sich gut in Salaten, sie passen aber auch hervorragend zu Süßspeisen wie Pudding oder Obstsalat, da sie keinerlei bittere Aromen aufweisen. Ein besonderer Hingucker sind Borretschblüten-Eiswürfel: Einfach eine Blüte pro Eiswürfel mit einfrieren und diese dann zur Zierde in gekühlte Getränke wie Cidre, kalten Wein oder Limonade geben. Manchmal werden sie auch in Essig eingelegt, dem sie einen leichten blauen Farbton verleihen. Zudem kann man einen wunderschönen blauen Sirup aus den Blüten herstellen oder sie kandieren.

Kein Wunder, dass man im Mittelalter melancholische Zustände mit Borretsch behandelte: So fröhlich, wie seine Blüte und alles, was sich aus ihr zubereiten lässt, wirkt, kommt wirklich keine Traurigkeit auf!

Weil wir tief im Herzen alle Jäger und Sammler sind

Den eigenen Kräutergarten zu hegen und zu pflegen ist im Augenblick ein richtiggehender Trend – und das nicht ohne Grund. Seine eigenen Nahrungsmittel zu sammeln und zu ernten ist ein uralter Instinkt, der auf unsere lange vergangenen Tage als Jäger und Sammler zurückgeht. Ein bisschen Schnittlauch aus dem Balkongärtchen zu ernten ist zwar sicher nicht dasselbe, wie ein Mammut zu erlegen, aber trotzdem befriedigen wir mit solchen einfachen, naturgebundenen Handlungen einen ganz ähnlichen inneren Drang: Guck mal, das hab ich selbst hinbekommen, so ganz ohne Supermarkt! Allein schon wegen der Liebe und Sorgfalt, die wir in die Pflege unserer Beete oder Blumenkästen investiert haben, schmeckt unser selbst gezogener Schnittlauch tausendmal besser als alles, was man im Laden kaufen kann.

Wer gern kocht, weiß, dass ein gutes Gericht von Gewürzen und Kräutern lebt. Muskatbäume und Ingwerwurzeln gedeihen in unseren Breitengraden zwar nicht so ohne Weiteres, aber dafür gibt es mehr als genug heimische Kräuter, die wir im Notfall auch auf der Fensterbank ziehen können: Petersilie und Schnittlauch, Rosmarin, Thymian und Salbei sind zwar nicht gerade Exoten, machen in vielen Gerichten aber trotzdem den kleinen Unterschied aus. Und zu allem Überfluss sparen wir auch noch eine Menge Geld, wenn wir unseren eigenen Kräutergarten ziehen – denken Sie nur mal an die absurden Preise, die in Supermärkten für winzige Tütchen mit frischem Thymian oder Salbei verlangt werden!

Ich persönlich bin der Meinung, dass nichts so befriedigend ist wie ein Kräutergarten. Denn während man beispielsweise für einen Obstgarten sehr viel Platz braucht, kann man mit einem

Kräutergarten auf minimalem Raum eine in sich geschlossene, harmonische kleine Welt erschaffen, in der wir herrschen und wenigstens einen kleinen Teil unserer Urtriebe befriedigen können: Nahrung jagen und sammeln.

Weil Schnittlauch nach Frühling schmeckt

Schnittlauch ist reich an Eisen und Vitamin C und trotz seiner Würze so verträglich, dass er auch Genesenden und Personen mit schwachem Magen keine Probleme verursacht. In der großen Zwiebel-Sippe ist er der mildeste Verwandte und kann in gekochten wie ungekochten Gerichten ganz genauso verwendet werden wie Zwiebeln, Knoblauch und Bärlauch. Außerdem zählt er zu den ersten Pflanzen, die sich im Frühling durch den Schnee kämpfen, und hat ein außerordentlich frisches Aroma, weswegen er eine beliebte Zutat für Gründonnerstagssuppen und -pfannkuchen ist.

Schnittlauch im eigenen Garten anzubauen ist denkbar einfach: Meistens werden die Pflanzen bereits als vorgezogenes Büschel gekauft und gleich in die Erde gesetzt. Schnittlauchpflanzen gedeihen am besten in leicht feuchtem Boden, benötigen aber keine besondere Pflege. Nach ein bis zwei Jahren müssen sie allerdings geteilt werden, damit sie sich richtig entfalten können und nicht unansehnlich werden.

Schnittlauch sollte, auch wenn man das Kraut im Handel gefriergetrocknet kaufen kann, immer frisch verzehrt werden, um Vitamin- und Aromaverlust zu verhindern. Feingehackter Schnittlauch kann auf Butterbrot gegessen werden, passt aber auch gut in Salatsaucen, Frischkäse, Dips und Hüttenkäse. Außerdem sind einzelne Blüten eine hübsche Garnierung für Suppen, Vichyssoise, Hors d'oeuvres, Pfannkuchen, Kartoffeln, Kürbis- und Reisgerichte, Saucen, gekochtes Fleisch und Omeletts. Zu Grillfleisch oder -fisch passt selbst gemachte Schnittlauchbutter besonders gut.

Eine meiner kulinarischen Geheimtipps ist aber das *Schnittlauchblütenomelett*. Es ist nicht nur außerordentlich leicht zuzubereiten, sondern schmeckt meiner Meinung nach wie ein Frühlingstag. Dafür brauchen Sie:

* 3 Eier
* eine Prise Salz
* frisch gemahlenen schwarzen Pfeffer
* 2 TL gehackte frische Petersilie
* 2 TL Olivenöl
* 3 Schnittlauchblütenbälle
* nach Belieben Borretschblüten
* 2 EL geriebenen Käse

Zubereitung:
Schlagen Sie drei Eier mit Salz, frisch gemahlenem schwarzen Pfeffer und zwei Teelöffeln gehackter frischer Petersilie auf. Erhitzen Sie dann zwei Teelöffel Olivenöl in einer Pfanne und gießen Sie die Eimasse hinein. Der Pfannenboden sollte nur mit einer dünnen Schicht bedeckt sein, die schnell gart. Schwenken Sie die Pfanne und streuen Sie dann die einzelnen Blüten von drei Schnittlauchblütenbällen und zwei Esslöffel geriebenen Käse (Schweizer Käse, Cheddar oder Ähnliches) in die Mitte des Omeletts. Wenn der Käse geschmolzen ist, wird das Omelette gefaltet und nach Belieben mit einer Garnierung aus einzelnen Schnittlauch- oder Borretschblüten serviert.

Weil der Dill macht, was er will – jedenfalls manchmal

Dillblätter werden in der Küche häufiger verwendet als Dillsamen, auch wenn die Saat genauso gut schmeckt wie das Grünzeug und dieselbe Wirkung hat – beides unterstützt nämlich die Verdauung und »entbläht« Gerichte. Fein gehackte Dillblätter passen hervorragend zu Gurken- und Tomatensalaten, aber sie harmonieren auch mit mildem Gemüse wie Tomaten, Kohl, Kohlsprossen, Brokkoli, Rote Beete, Rübchen, grünen Bohnen und Kartoffeln. Dill-Kräuterbutter unterstützt den Geschmack von Fisch- und Gemüsegerichten, während sich frische Dillblätter auch zum Würzen von Mayonnaise, Dips, kalten Saucen, Suppen, Bloody Marys, gefüllten Eiern, Käseaufstrichen, Avocado-Salaten und Fischcocktails eignen. Fisch wird traditionell mit Dillsauce serviert oder auf einem Bett aus Dill- oder Fenchelblättern gekocht, weil er dann nicht mehr ganz so »fischig« schmeckt. Auch zu Krabben passt Dill ganz hervorragend.

Dillsamen, oder präziser Dillfrüchte, werden häufig beim Backen, Destillieren und Einmachen verwendet. Essig und Eingemachtem mengt man die blühende Dillpflanze (ohne Wurzeln) oder die Samendolden bei. Reife Dillfrüchte passen auch zu Einmach-Gewürzmischungen, Chutneys und indischem Curry und ersetzen gelegentlich Kümmel in Sauerkrautgerichten. Gemahlene Dillsamen können bei salzarmen Diäten außerdem als Salzersatz verwendet werden.

Da der Dill so ein Alleskönner ist und bei passionierten Köchen sehr häufig zum Einsatz kommt, ist es ratsam, im Garten gleich zwei verschiedene Dillaussaaten vorzunehmen – ansonsten sind Ihre Beete nämlich schneller geplündert, als Sie »Neuaussaat« sagen können. Die eine Reihe kann regelmäßig abgeerntet und wenn nötig neu gesät werden, während die andere Samen für die Einmachzeit liefert. Dillblätter für den Küchengebrauch sollten übrigens regelmäßig geschnitten werden, bevor die Pflanzen zu blühen beginnen, damit die Pflanze für den Frischverbrauch weitergeerntet werden kann.

Dillblätter schmecken frisch am besten, können aber auch feingehackt und eingefroren werden, entweder trocken und lose in Plastiktüten oder feucht in Eiswürfelformen. Die praktischen »Dillwürfel« werden dann in Plastiktüten gesteckt – und wieder ab damit ins Tiefkühlfach!

Ein echter Klassiker sind die Dill-Pickles, die, nebenbei bemerkt, auch ein ziemlich guter Einstieg in die Kunst des Einmachens sind:

Dill-Pickles
* 4 kg große Gurken
* 1 l Essigwasser
* 250 g Zucker
* 2 Chilis
* 4 EL Senfsamen
* 4 Lorbeerblätter
* Dillfruchtdolden

Zubereitung:
Schälen und halbieren Sie vier Kilogramm große Gurken und schneiden Sie die Endstücke ab, da sich in ihnen die Bitterstoffe sammeln. Kratzen Sie die Samen mit einem Löffel aus und probieren Sie, ob die Gurken eventuell bitter und damit unbrauchbar sind. Schneiden Sie das Gemüse nun in fünf Zentimeter große Würfel. Kochen Sie einen Liter Essigwasser mit mindesten 250 g Zucker, zwei Chilis, vier Esslöffeln Senfsamen, vier Lorbeerblättern und mehreren unreifen Dillfruchtdolden oder Dillblüten auf. Rühren Sie die Gurkenwürfel unter, lassen Sie sie fünf Minuten

lang kochen und dann abkühlen. Füllen Sie die Gurkenwürfel in sterilisierte Gläser, gießen Sie die Essigmischung darüber, decken Sie die Gläser mit Zellophan oder Einmachdeckeln ab und lassen Sie sie für eine Woche an einem kühlen Ort stehen. Gießen Sie dann den Saft ab, kochen Sie ihn auf, lassen Sie ihn abkühlen und gießen Sie ihn erneut über die Gurken. Versiegeln Sie die Gläser und lagern Sie sie an einem trocknen und dunklen Ort. Wer lieber süße Pickles mag, kann die Chilis weglassen und dafür mehr Zucker beigeben.

Weil Basilikum einfach himmlisch lecker ist

Wer einmal frisches Basilikum zum Kochen verwendet hat, wird es nie wieder missen wollen und läuft meiner Erfahrung nach Gefahr, das Kraut eine Zeit lang so überschwänglich zu verwenden, dass alle Gerichte ähnlich schmecken. Vor allem wenn Sie zum ersten Mal hocharomatisches selbstgezogenes Basilikum – vielleicht sogar eine der zahlreichen in unseren Gefilden weniger bekannten Sorten – verwenden, werden Ihre Geschmacksknospen anfangs so enthusiastisch reagieren, dass sich eine kurze Phase von Basilikumsucht einstellen könnte.

Doch das Kraut ist nicht nur sagenhaft lecker, sondern hat, wie die meisten Küchenkräuter, ganz nebenbei auch noch medizinische Wirkung. Denn es stimuliert die Verdauungsdrüsen, weswegen es sich vor allem in sehr schweren Mahlzeiten gut macht. Außerdem hat es ausgeprägt antibakterielle Wirkung und wurde vor dem Zeitalter des Kühlschranks verwendet, um Fleisch und Fisch zu konservieren.

Wenn Sie Basilikum, das aus dem Süden zu uns kommt, im eigenen Garten anpflanzen wollen, brauchen Sie ein kleines bisschen Fingerspitzengefühl. Denn es »friert« leicht und sollte deshalb immer an sonnigen Plätzen ausgesät werden, evtl. sogar im Balkonkasten oder Blumentopf. Schnecken lieben Basilikum genauso sehr wie wir, was den Anbau im Freiland zusätzlich problematisch macht. Das Kraut ist einjährig und muss jedes Jahr neu ausgesät werden. Geerntet wird von oben, damit sich neue Blattmassen bilden können.

Frisches Basilikum wird häufig Tomatengerichten beigefügt, außerdem ist es ein beliebtes Gewürz für Gurken- und Tomatensalate, Dips und kalte Saucen. Aber auch Gemüsesäften, Meeresfrüchtecocktails und Hütten- oder Frischkäsemischungen verleiht es Würze. In der italienischen Küche, die ja quasi die »Urmutter« der Basilikumgerichte ist, schwört übrigens so mancher Koch darauf, dass man Basilikum niemals hacken, sondern nur zerreißen oder mit dem Stößel im Mörser zerkleinern sollte, um das volle Aroma zu erhalten. Ob Ihnen der angebliche Geschmacksunterschied so viel Arbeit wert ist, müssen Sie aber natürlich selbst herausfinden.

Auch mit getrocknetem Basilikum lässt sich einiges anfangen: Viele Nudelsaucen, aber auch Tomatensuppen, Pilzgerichte, Omelettes, gefüllte Tomaten oder Auflaufgerichte und Soufflés mit Tomaten wären ohne es nicht denkbar. Häufig wird es auch Suppengewürzmischungen beigegeben, und in Frankreich würzt man traditionell Bouillabaisse, Pistou und Aalgerichte mit dem getrockneten Kraut. Aber Achtung: Anders als die meisten anderen Kräuter gewinnt getrocknetes Basilikum beim Kochen an Aroma und sollte entsprechend sparsam verwendet werden, weil es sonst andere, zartere Aromen überdeckt.

Basilikumblätter können konserviert werden, indem man sie wäscht, auf Küchenhandtüchern abtrocknet und im Stück einfriert. Die Blätter können leicht zerkrümelt werden, solange sie noch gefroren sind, und erhalten dabei den Großteil ihres Aromas. Bedeckt mit Olivenöl, kann man die Blätter auch hervorragend in sterilen Gläsern lagern. Die duftenden Stängel des Krauts können getrocknet und zum Würzen von Eingelegtem verwendet werden. Für die Verwendung im Winter können Sie die frischen Blätter trocknen, oder Sie stellen Pesto her, um das ganze Jahr über etwas von dem aromatischen Kraut zu haben. Für Pesto gibt es Tausende von Rezepten – mein Favorit ist aber dieses hier:

Pesto
* 1 Portion Basilikumblätter
* 1/2 Portion Knoblauch

* einige Petersilienblätter
* evtl. 1 Sardelle
* natives Olivenöl
* Safte einer halben Zitrone

So zahlreich die Rezepte auch sind, eines haben sie alle gemeinsam: Sie sollen das flüchtige Aroma des Basilikums konservieren. Das einfachste Pesto wird aus großen Mengen frischer Basilikumblätter, halb so viel Knoblauch und einigen Petersilienblättern, die in einem Mörser oder Mixer sorgfältig zerkleinert werden, hergestellt. Wenn gewünscht, kann auch eine gesalzene Sardelle dazugegeben werden. Die Sauce wird dann mit so viel nativem Olivenöl und dem Saft einer halben Zitrone tröpfchenweise verarbeitet, dass ein relativ dicker Brei entsteht. Diese Masse können Sie dann einfrieren. Auf den Käse wird in dieser »Basisvariante« verzichtet, da er nicht mit ins Eisfach wandern sollte. Für den direkten Verzehr greife ich meist zu folgender Rezeptvariante:

Zerkleinern Sie eine Tasse Basilikumblätter, vier große Zehen Knoblauch und halbe Tasse Pinienkerne gemeinsam mit Mörser oder Mixer. Fügen Sie dann einen Teelöffel Salz und eine halbe Tasse frisch geriebenen echten Parmesankäse hinzu. Gießen Sie während des Zerkleinerns Olivenöl hinzu, bis die Masse die Konsistenz von weicher Butter hat.

Weil Kümmel die leckerste Medizin der Welt ist

Seit der Antike ist der Gebrauch von Kümmel zur Zubereitung von Speisen weitverbreitet. Kümmelsamen wirken (wie auch Koriander-, Fenchel- und Anissamen) wärmend auf die Verdauungsorgane und sind daher bei der Zubereitung von stark blähenden Speisen besonders zu empfehlen. Außerdem regt Kümmel den Appetit an und macht den Atem frisch – falls mal kein Kaugummi zur Hand ist. Wenn Sie erstmals frischen, selbst angebauten Kümmel benutzen, werden Sie staunen, wie das Kraut *wirklich* schmeckt. In der deutschen Küche werden aus praktischen Gründen nämlich fast ausschließlich die getrockneten Früchte verwendet, obwohl frische Kümmelsamen viel aromatischer sind!

Kümmel wächst häufig wild und kann mit etwas Glück einfach in der freien Natur gesammelt werden. Wer sich nicht aufs Glück verlassen will, sollte beim Anbau im eigenen Garten darauf achten, dass der Boden eher schwer und lehmhaltig ist, und sich ein schattiges Plätzchen für sein Kümmelbeet suchen. Der schwere Boden sollte mit ein wenig untergemischtem Sand oder Kies gelüftet werden, damit die Wurzel einen leichten Weg ins Erdreich findet.

Da Kümmel fettige Speisen verdaulicher macht, findet er sich häufig in Schweinebraten und Würsten. Wegen seiner entblähenden Wirkung wird er aber auch oft in Gerichte mit Sauerkraut, Roten Rüben, Kohl und Kartoffeln sowie in Schwarzbrot gegeben. Kümmelsamen, Lorbeerblätter und Wacholderbeeren verleihen gekochtem Roggen einen feinen Geschmack, und auch Roggenbrot wird üblicherweise mit ganzen Kümmelsamen gebacken.

Eines meiner Lieblingsgerichte mit Kümmel sind aber die leicht zuzubereitenden und gesunden *Kümmel-Kartoffeln:*

Halbieren Sie einfach einige vorgekochte, halb gekochte oder noch rohe Kartoffeln. Bestreuen Sie die Kartoffelhälften zunächst mit grobem Salz und Kümmelsamen und legen Sie sie mit der Schneidefläche nach oben auf ein Backblech. Lassen Sie sie dann zehn Minuten zum Aufwärmen beziehungsweise 30 Minuten zum Garen bei mittlerer Hitze im heißen Ofen und bepinseln Sie sie, insbesondere bei längerer Backzeit, regelmäßig mit ein wenig Öl. Servieren Sie die Kartoffeln dann dampfend heiß mit Hüttenkäse, Sauerrahm oder Guacamole.

Falls Sie fettige oder schwer verdauliche Gerichte servieren, in die das Aroma von Kümmel nicht so gut passt, können Sie sich nach dem Essen auch einfach ein Gläschen Kümmelschnaps genehmigen. Allerdings enthält der gängige, unter der Bezeichnung »Kümmel« kommerziell gebrannte Schnaps oft überhaupt keinen Kümmel, weswegen es nie verkehrt ist, in der Hausbar ein Fläschchen Kümmelschnaps »Hausmarke« bereitzuhalten, die durch Ansatz der Kümmelfrüchte in Obstler oder Korn hergestellt wurde.

Weil Peterli in jedem Garten gedeiht

In Deutschland ist Petersilie das beliebteste Küchenkraut über-haupt. Der grüne Küchen-Dauergast zählt zu den reinigenden Fastenkräutern, die man in traditionellen Gründonnerstags-gerichten wie beispielsweise Kräuterpfannkuchen isst. Petersilie ist ein sehr vielseitiges Kraut und unterstreicht das Eigenaroma von Gerichten sanft, ohne es zu übertünchen.

Wenn Sie selbst Petersilie anbauen, sollten Sie etwas Geduld mitbringen. Denn das Kraut braucht notorisch lange zum Kei-men, meistens einen Monat oder noch länger. Aus diesem Grund empfiehlt es sich, mehrere Aussaaten vorzunehmen, damit immer frische Blätter für die Küche bereit sind. In Schlesien erklärte man sich diesen Sachverhalt in lange vergangenen Zeiten damit, dass die Samen erst nach Rom reisen und sich die Erlaubnis des Heiligen Peter einholen mussten, bevor sie aufgehen konnten. Die Reisezeit betrug damals sechs bis sieben Wochen.

Wegen ihres ausgeprägten Geschmacks wird meist die glatte Petersilie als Gewürz verwendet. Krause Petersilie dagegen dient eher als Garnierung, weil sie relativ wenig Eigenaroma hat. Es gibt kaum ein Gericht, zu dem glatte Petersilie nicht passt: Selbst in rauen Mengen macht sie sich hervorragend in Suppen, Ein-töpfen, Salaten, gekochtem Getreide und allen Arten von Ge-müse. Die frischen Blätter schwächen den oft überwältigenden Geschmack von Zwiebeln und Knoblauch ab, vor allem wenn man sie mit Olivenöl kombiniert.

Für den Küchengebrauch sollten die Petersilienblätter so frisch wie nur möglich sein. Sie werden gewaschen und mit einem sau-beren Geschirrtuch abgetrocknet. Das ist wichtig, weil feucht gehackte Petersilie zu einer eher unappetitlichen wässrig-grünen Pampe wird. Danach zupft man sie vom Stängel ab, hackt sie klein und gibt sie erst kurz vor dem Servieren in das Gericht. Auf diese Weise erhalten sich nicht nur die Vitamine, sondern auch die leuchtend grüne Farbe. Sehr frische Petersilienstängel halten in einem Glas Wasser mehrere Tage lang, das Wasser sollte aber täglich ausgetauscht werden. Die Blätter können auch in einem geheizten Raum oder auf einem stoffbedeckten Blech im nur *leicht* erhitzten Backrohr getrocknet werden. Bei sehr niedriger Temperatur kann alternativ ein Dörrapparat verwendet werden. Die getrockneten Blätter werden dann durch ein grobes Sieb gerieben oder sehr fein zerkrümelt und in luftdichten Behältern an einem dunklen Ort gelagert. Auf das getrocknete Kraut wird eine Schicht aus grobem Salz gestreut, damit überschüssige Flüssigkeit absorbiert werden kann. Da ich den Trockenprozess recht kompliziert finde, ziehe ich es vor, die Blätter fein zu hacken und in Eiswürfelbehältern einzufrieren. Entnehmen Sie einfach Portionen nach Bedarf und verschließen Sie die Tüten danach wieder.

Ein Favorit unter den mit Petersilie verfeinerten Gerichten schmeckt allerdings am besten, wenn man das taufrische Kraut verwendet. Die Zubereitung ist zwar etwas komplizierter, aber ich verspreche, dass sich die Mühe lohnt:

Kräuterstrudel
* 250 g Mehl
* Prise Salz
* 1 Ei
* 60 g geschmolzene Butter
* ca. 2–3 EL lauwarmes Wasser

Füllung
* geschmolzene Butter
* 1/8 l saure Sahne
* 5–6 Eier

* Salz und Pfeffer zum Würzen
* ein großer Berg frische, gehackte Kräuter wie Kerbel, Schnittlauch und kleinere Mengen Sauerampfer, Pimpinelle, Dill, Estragon, Majoran, Süßdolde, Zitronenmelisse und Basilikum – vor allem aber Petersilie!

Zubereitung:

Häufen Sie Mehl und Salz auf eine Arbeitsplatte, machen Sie eine Mulde in den Berg und geben Sie ein Ei, 60 g geschmolzene Butter und einige Esslöffel lauwarmes Wasser hinein. Jetzt wird's anstrengend: Kneten, kneten und kneten Sie die Masse, bis ein steifer, aber formbarer Teig entstanden ist. Geben Sie Wasser nach, wenn der Teig zu steif, und Mehl, wenn er zu weich geraten ist. Lassen Sie ihn ein wenig stehen, bis er kühl ist, und rollen Sie ihn dann mit dem Nudelholz auf einem großen, mit Mehl bestreuten Tuch so dünn wie möglich aus. Dann wird die Oberseite mit geschmolzener Butter bestrichen. Vermengen Sie in einer Schüssel 1/8 l saure Sahne und fünf oder sechs Eier und verteilen Sie das Ganze auf dem Teig. Jetzt noch salzen und pfeffern und dann eine dicke, duftende Schicht gehackte Kräuter draufstreuen.

Jetzt ist Fingerspitzengefühl gefragt: Lösen Sie den hauchdünnen Teig ganz vorsichtig vom Tuch und falten Sie ihn wie ein Bettlaken einmal zusammen. Dann wird er zusammengerollt wie ein Marmeladenpfannkuchen. Die Rolle wird dann vorsichtig in eine mit Butter bestrichene Backform gegeben. Falls sie zu lang ist, können Sie sie auch knicken. Backen Sie den Strudel bei mittlerer Hitze im Ofen, bis die Oberseite Farbe annimmt. Nehmen Sie ihn nun aus dem Ofen und bestreichen Sie ihn mit geschmolzener Butter. Dann kommt er bei gleicher Temperatur nochmals in den Ofen, bis die Butter golden ist.

Beim ersten Versuch reißt das »Teiglaken« gern mal, aber Sie werden sehen: Schon nach wenigen Versuchen werden Sie den Dreh raushaben – und der kräuterexplosionsartige Geschmack dieses traditionellen Alpengerichts macht die anfängliche Frustration mehr als wett!

Weil auch die
englische Küche eine Köstlichkeit
hervorgebracht hat

Kennen Sie auch den Witz, dass das leckerste britische Gericht indisches Chicken Curry sei? Über die englische Küche ist schon eine ganze Menge gesagt worden, und das meiste davon ist nicht sonderlich freundlich. Verübeln kann man es den Kritikern von Porridge & Co nicht wirklich – aber trotzdem gibt es ein typisch englisches Rezept, das weitere Verbreitung verdient: *Minz-Gelee*. Dafür brauchen Sie:

* 1–2 l gesüßten Apfelsaft
* 1 EL Apfelessig
* 1–2 Zweige Krauseminze

Minzgelee kann zu Rindfleisch, Schwein, Hammel, Wild oder Hühnchen serviert werden und schmeckt nicht nur gut, sondern regt auch die Verdauung an. Gutes Minzgelee wird aus dem Saft von grünen Äpfeln hergestellt und mit so wenig Zucker wie möglich zubereitet. Geben Sie einen Esslöffel Apfelessig und die Blätter von ein bis zwei großen Zweigen fein gehackter Krauseminze auf einen halben Liter gesüßten Apfelsaft. Lassen Sie das Ganze unter stetigem Rühren leicht auf kleiner Flamme köcheln, bis die Masse zu gelieren beginnt, was Sie am besten überprüfen können, indem Sie eine Gelierprobe machen. Seihen Sie die Minze ab und füllen Sie das Gelee in sterile Gläser um, die Sie sorgfältig verschließen. Als Garnierung können Sie nach dem Abfüllen einen Minzzweig in die Mitte des Glases stecken. Auf dieselbe Weise werden übrigens auch Basilikum- und Rosmaringelee hergestellt.

Aber natürlich ist diese Spezialität weiß Gott nicht alles, was man mit frischer Minze anstellen kann: Ihr Geschmack harmoniert sowohl mit süßen als auch mit salzigen Gerichten. Besonders Joghurt-Salatsaucen zergehen einem förmlich auf der Zunge, wenn man sie mit einigen feingehackten frischen Minzblättern würzt. Und Erbsen, Bohnen, Karotten, Rüben, Frühkartoffeln und Kartoffelsalat, Getreidegerichte, Kohl, Spinat und alle etwas aromatischeren Gemüsesorten schmecken mit einem Hauch Minze noch besser.

Auch in der Welt der Süßspeisen hat die Minze eine Menge mitzureden: Sie passt beispielsweise gut in Fruchtsalat, Eiscreme, Sorbet, Milchshakes und Käsekuchen.

Weil einem bei Rosmarinlamm
das Herz aufgeht

Rosmarinpflanzen werden im »kalten« Deutschland meist im Blumentopf oder auf den Balkon gezogen, da sie die Wärme sehr lieben. Rosmarin kommt vornehmlich bei der Zubereitung von Gerichten aus dem mediterranen Raum zum Einsatz. Sein kräftiges, würzig-süßliches Aroma harmoniert ganz fantastisch mit dunklen Fleischsorten, passt aber auch gut zu frischem Ziegenkäse und vielen Gemüsearten. Eigentlich kann man bei der Verwendung von Rosmarin nicht viel falsch machen, solange man ihn nicht überdosiert. Ebenfalls nur abraten kann ich von der Verwendung von Rosmarinpulver, das meistens kaum Geschmack hat und schnell austrocknet. Am besten verwenden Sie immer einen ganz frischen Zweig, der im Ganzen in das jeweilige Gericht gegeben werden kann. Nachdem er sein Aroma abgegeben hat, spätestens kurz vor dem Servieren, sollten Sie ihn aber wieder entfernen, da die Blätter ziemlich stachelig sind, auch wenn sie gekocht wurden.

Braten von Schwein, Lamm, Zicklein, Kalb und Wild werden oft mit Rosmarin und Knoblauch eingerieben, bevor sie ins Backrohr kommen, oder man serviert sie einfach mit Rosmaringelee, das in Deutschland eine Seltenheit ist, mit dem man aber bei seinen Dinnergästen ziemlich viel Eindruck schinden kann. Aufgrund seiner leichten Süße macht sich ein frischer Rosmarinzweig aber auch gut auf Süßspeisen wie Obstsalat und Pudding. Ein Rosmarinzweig in der Obstschale verleiht Äpfeln und Birnen einen köstlichen Geschmack. Aber so lecker das alles auch sein mag: Es gibt meiner Meinung nach keine zwei Küchenzutaten, die sich so fantastisch ergänzen wie Rosmarin und das einzigartige Aroma von gutem Lammfleisch – und genau deswegen esse ich kaum etwas so gern wie Rosmarinlamm, dessen Geschmack mich jedes Mal wieder in den siebten Himmel versetzt:

Gebratenes Rosmarinlamm nach italienischer Art
* Lammkeule (wenn möglich vom Milchlamm)
* 4–5 Knoblauchzehen
* 1 großes Bund Rosmarinzweige
* Olivenöl
* Salz

Dieses Gericht wird traditionell zu Ostern serviert. Das Fleisch sollte von einem nur wenige Monate alten Lamm stammen. Reiben Sie die Lammkeule mit einer in zwei Hälften geschnittenen Knoblauchzehe ein. Stecken Sie dann Knoblauchstücke in jeden Einschnitt oder jede Falte im Fleisch – zur Not können Sie auch etwas nachhelfen und hier und da ins Fleisch einstechen. Nun wird die Keule gesalzen und mit Olivenöl bestrichen – am besten nehmen Sie dafür einen Rosmarinzweig anstelle eines Pinsels. Jetzt legen Sie einige Rosmarinzweige auf einem Backblech aus und betten die Lammkeule darauf. Der Braten wird nun im Backrohr bei sehr hoher Temperatur von beiden Seiten gebräunt, wobei aber darauf zu achten ist, dass der Rosmarin nicht verbrennt. Wenn die Außenseite des Bratens braun ist, wird die Hitze auf mittlere Temperatur gestellt, um den Bratvorgang zu beenden. Da das Fleisch innen noch leicht rosa bleiben soll, ist die Benützung eines Fleischthermometers empfehlenswert, um den optimalen Garzeitpunkt festzustellen. Diese Geräte sind gar nicht so teuer in der Anschaffung und können ein Leben lang benützt werden, um peinliche Pannen beim Fleischbraten zu vermeiden. Bestreichen Sie die Lammkeule während des Bratens immer wieder mit dem Olivenöl und dem Bratensaft, damit sie schön saftig bleibt. Am wichtigsten ist bei Lamm, dass es nicht zu lange im Ofen verweilt, damit es innen immer noch etwas rosa bleibt, außen aber von einer krossen und aromatischen Kruste umgeben ist. Lassen Sie den Braten zehn Minuten lang ruhen, bevor Sie ihn aufschneiden und mit Petersilienkartoffeln servieren. Und naschen Sie nicht vor dem Servieren – sonst werden Sie nämlich nichts mehr abgeben wollen!

Weil Thymian das Leben verlängert

Auch wenn die Franzosen den höchsten Pro-Kopf-Weinkonsum in ganz Europa haben, schneiden Sie im internationalen Vergleich in Sachen Gesundheit bemerkenswert gut ab. Und nicht wenige Experten führen das auf die großen Mengen an Knoblauch, Zwiebeln und Thymian zurück, die in der französischen Küche verwendet werden. Das Kraut scheint also ein regelrechter Jungbrunnen zu sein – und dann ist es auch noch richtig köstlich! Ein »typischer Thymian-Franzose« ist eine spezielle Form von Kräuterbutter, von der ich gar nicht genug bekommen kann:

Thymianbutter
* 250 g weiche Butter
* 3–4 EL feingehackte Thymianblätter
* Frisch gehackter französischer Estragon sowie Ysop (nach Belieben)
* 1 TL frischer Zitronensaft

Schlagen Sie ein Päckchen weiche Butter in einer kleinen Schüssel auf und mischen Sie mehrere Esslöffel frische, feingehackte Thymianblätter und evtl. einen kleinen Zweig frischgehackten französischen Estragon sowie ein paar Blättchen Ysop unter. Geben Sie unter ständigem Weiterrühren einen Teelöffel frischen Zitronensaft tropfenweise dazu. Formen Sie die Butter zu einem kleinen »Berg« und stellen Sie sie kühl. Am besten schmeckt Thymianbutter zu Fisch-, Fleisch- oder Getreidegerichten. Das Rezept funktioniert übrigens auch mit Basilikum und Zitronenmelisse.

Aber auch neben diesem Klassiker gibt es eine Menge Gerichte, in denen sich Thymian geschmacklich ganz hervorragend macht. Außerdem wird Fett leichter verdaulich, wenn man es mit dem Kraut würzt, weswegen es sich häufig in Gerichten mit Hammelfleisch, fettigem Fisch wie Aal oder Würstchen findet. Da er ein ausgesprochen mächtiges Aroma hat, sollte man ihn aber immer sparsam verwenden – und denken Sie daran, immer die holzigen Stängel zu entfernen, die sind nämlich ganz und gar nicht lecker!

Sollten Sie der Meinung sein, dass Sie Thymian nicht mögen, heißt das übrigens noch lange nicht, dass Sie gar keinen Thymian mögen. Neben dem üblichen Kraut gibt es nämlich noch unzählige nicht so weit verbreitete Sorten, denen Sie auch eine Chance lassen sollten – denn sie haben eine ganz erstaunliche Geschmacksvielfalt, die von Zitronen- über Kümmel- bis hin zu Kampferaromen reicht.

In unseren Breitengraden wächst der Quendel wild, er ist ein Bruder des Thymians und weist einen Großteil der Eigenschaften von kultiviertem Thymian auf. Echter Thymian kommt, wie so viele Gewürzkräuter, aus dem Mittelmeerraum zu uns und ist deshalb ein wenig wärmebedürftig. Er kann gut in Balkonkistchen oder Blumentöpfen gezogen werden. Wie auch der Quendel bevorzugt er aber eher sandige Böden, die sich nicht überall in Deutschland finden lassen. Die Pflanze muss immer rechtzeitig zurückgeschnitten werden, damit sie gut durch den Winter kommt und nicht erfriert.

6

DER GARTEN ALS ÖKO-PARADIES

Weil das beste Saatgut
direkt von nebenan kommt

Es ergibt überhaupt keinen Sinn, einen Biogarten mit Saatgut zu bestellen, das in Südamerika oder Südspanien oder sonstwo gezogen und dann mit einer Pelletiermaschine wie ein Bonbon mit etwas Kunstdünger und Ton überzogen wurde. Denn die Samen sind der Ursprung Ihrer Ernte, und wenn Sie keine Kontrolle darüber haben, wie das Saatgut erzeugt und behandelt wurde, dann haben Sie auch keine Kontrolle über die Güte der Endprodukte.

Was ein echter Biogarten ist, das hat keine F-irgendwas-Hybride nötig, und auch keine genmanipulierten und in Gelkapseln eingelegten Keimlinge. Was Sie brauchen, ist Saatgut, das in unseren Breitengraden gezogen wurde und unter Bio-Bedingungen bestens gedeiht.

Das heißt, dass die Körner, die Sie pflanzen, möglichst an unser heimisches Klima angepasst sein sollten. Saatgut aus Feuchtgebieten wird in Wüstenklima eher nicht gedeihen, und umgekehrt gilt natürlich das Gleiche (wobei man auch die skurrilsten Überraschungen erleben kann). Traditionelle Sorten sind nicht zwangsläufig die besten oder ertragreichsten, aber ihre Vorgeschichte verrät, dass sie in einer bestimmten Gegend und unter bestimmten Anbaumethoden und kleinklimatischen Bedingungen beständig Ernten hervorgebracht haben.

Heutzutage sind bei uns auch Samen für Pflanzen erhältlich, die in den verschiedensten Teilen der Welt beheimatet sind. Aber selbst das Saatgut für Exoten sollte aus lokalem Anbau stammen und dort vermehrt worden sein, da nur so gewährleistet werden kann, dass die Samen standort- und klimaangepasst sind.

Zum Glück ist Mutter Natur in Sachen Samenproduktion geradezu verschwenderisch: Eine einzige Pflanze, der es rundum gut geht, kann mitunter pfundweise Saatgut hervorbringen. Und dieses können Sie mit Gärtnern aus der Region gegen andere an die lokalen Bedingungen angepasste Samen tauschen, bis in Ihrem Garten alle Ihre Lieblingspflanzen gedeihen, ohne dass Sie ein einziges Mal auf einen internationalen Saatgutanbieter zurückgreifen mussten.

Weil der Garten fast alles enthält, was ihn erhält

Kaum ein Mikrokosmos ist so effektiv und selbsterhaltend wie ein Privatgarten. Die Pflanzen reproduzieren sich und werden dabei von ansässigen Mikroorganismen unterstützt, und zu allem Überfluss können Sie die meisten Düngemittel und Insektizide auf Bio-Basis auch noch aus ganz gewöhnlichen Produkten aus Ihrem Garten herstellen.

So gut wie alle Gärtner kennen die gute, alte Brennnessel-jauche, die bis zum Himmel stinkt, Obst aber eine ganz besondere Süße verleiht. Werden Nesseln länger als 24 Stunden in Wasser eingeweicht, beginnt der Sud zu fermentieren und kann als hochwirksames Düngemittel verwendet werden. Dazu wird die Jauche im Verhältnis 1:20 mit Wasser verdünnt. In vielen Gartenbüchern wird behauptet, dass eine Verdünnung im Maßstab 1:10 ausreichen würde, aber meiner Erfahrung nach profitieren die meisten Pflanzen von einem schwächeren Verhältnis deutlich mehr. Außerdem ist der Gestank dann nicht ganz so penetrant und lässt sich leichter von den Händen entfernen, falls mal ein paar Tropfen danebengehen sollten. Wer viel mit Brenn-nesseljauche arbeitet, kann sich über die Sommermonate gleich eine ganze Jauchetonne zulegen, die immer wieder aufgefüllt wird. Um den Geruch zu binden, reicht es übrigens, einfach ein paar Handvoll Steinmehl hinzuzugeben.

Aus denselben Zutaten lässt sich auch ein biologisches In-sektenschutzmittel zubereiten: Wenn Sie die Brennnesselblätter kürzer als zwölf Stunden in kaltem Wasser einweichen, entsteht der sogenannte beißende Brennnesselauszug, der noch einen Teil der brennenden Eigenschaften der frischen Pflanze aufweist. Bespritzt man befallgefährdete Pflanzen mit dieser Lösung, sind sie vor Schädlingen geschützt – wenn auch leider nur kurzzeitig.

Auch viele andere Kräuter wie beispielsweise Beinwell können in Form von Jauchen und Auszügen als Düngemittel oder Pflanzenschutzmittel eingesetzt werden. Selbst Mischungen aus verschiedenen Kräutern, die gerade viel Blattmasse hergeben und sonst nicht genutzt werden, geben ein hervorragendes Düngemittel ab, beispielsweise Zitronenmelisse, Dost, Süßdolde, Rainfarn und Kerbel. Achten Sie aber stets darauf, dass die Pflanzenteile ohne Samen gesammelt werden, da diese sonst durch die Jauche fein säuberlich im gesamten Garten verteilt werden würden.

Einen hervorragenden Flüssigdünger gibt Schachtelhalm ab, weil er einen extrem hohen Kieselsäuregehalt aufweist. Leider neigt er aber dazu, zum schwerst ausrottbaren Unkraut zu mutieren und empfindlicheren Pflanzen zu schaden, weswegen die Pflanzen am besten in einen ansonsten ungenutzten Teil des Gartens verbannt werden sollten. Als Düngemittel unterstützt Schachtelhalm andere Pflanzen allerdings darin, ihre Zellstruktur zu stärken, sodass sie widerstandsfähiger gegen Pilzerkrankungen und Insekten werden.

Neben den düngenden Eigenschaften enthalten die meisten Kräuterkaltauszüge auch gegen Schädlinge wirksame ätherische Öle und Wirkstoffe. Rainfarn, Wermut, Farnkraut, Zwiebel und Knoblauch eignen sich hervorragend für den biologischen Pflanzenschutz – ganz ohne chemische Zusatzstoffe.

Weil im Garten Würmer plötzlich zu Verbündeten werden

Wer einen Biogarten anlegen will, sollte zunächst mal alles vergessen, was er aus Büchern und Zeitschriften gelernt hat. Vergessen Sie die ganzen Theorien und Terminpläne, Gartenbauvorlagen und Faustregeln, die die Fachpresse Ihnen als Erfolgsrezept verkaufen will. Denn das Einzige, was am Anfang wirklich zählt, ist der Boden. Es ist die Erde, die Ihren Garten zu einem Bioparadies macht. Guter Boden, gute Samen, gute Pflanzen – und schon kann's losgehen mit dem Eigenanbau. Natürlich dauert es eine Weile, bis Ihr Garten das richtige ökologische Gleichgewicht erreicht hat – in der Regel sieben Jahre. Aber Sie können den Prozess beschleunigen, indem Sie Ihr Augenmerk auf den Boden richten. Denn das, was wir in der Regel als »Dreck« bezeichnen, ist in Wahrheit ein unglaublich komplexes Ökosystem, in dem sich Tausende von kleinen Helfern tummeln.

Um die Qualität der Erde zu verbessern, stehen Ihnen verschiedene Möglichkeiten zur Verfügung. Quasi ein Klassiker in Sachen Bodenunterstützung ist der Tennessee Wiggler, ein Kompostwurm, der vermutlich nur dem Namen nach aus den Südstaaten stammt und angeblich deutlich mehr Ausscheidungen produziert als andere Würmer.

Aber eigentlich ist es gar nicht nötig, viel Geld für besondere Tiere auszugeben: Hauptsache, in Ihrem Stückchen Erde sind überhaupt Würmer zu Hause. Die lockern den Boden nämlich nicht nur auf, sondern reichern ihn auch mit Nährstoffen an.

Je mehr organisches Material der Boden enthält, desto fruchtbarer ist er. Außerdem sollte er durch eine Mulchschicht vor grellem Sonnenlicht geschützt werden. Denn dann kommen die Würmer an die Oberfläche und transportieren das organische

Material auf dem Rückweg nach unten in die tiefer gelegenen feuchten Erdschichten, wo sie es weiterverarbeiten. Solange Sie die Würmer mit einer Mulchschicht füttern, nehmen die kleinen Kerle Ihnen eine ganze Menge Gartenarbeit ab.

Denn solange sie fressen, produzieren sie Ausscheidungen, die wiederum wie eine Art hochkonzentrierter Biodünger wirken. Der einzige Beitrag, den Sie noch leisten müssen, besteht darin, den Boden feucht zu halten und mit Nährstoffen zu versorgen. Die mikrobielle Wirkung von Wurmausscheidungen ist etwa zehn bis zwanzig Mal so hoch wie die von Humus, und außerdem reichern sie den Boden mit Enzymen, Nährstoffen, Feuchtigkeit und Spurenmineralien an.

Warten Sie's ab: So eklig Sie Regenwürmer bei Ihren ersten Gartenerfahrungen vielleicht noch finden werden, so sehr werden sie Ihnen mit den Jahren ans Herz wachsen.

Weil Biomüll eine wahre
Schatzkammer ist

Es ist schon erstaunlich, mit welcher Effizienz Mutter Natur ihren Müll recycelt. Der Jahreslauf vieler Pflanzen sieht ungefähr folgendermaßen aus: Im Frühling wässern überschüssiger Regen und die Schneeschmelze die jungen Samen, die dann sprießen, ehe das Wetter zu heiß wird. In der Wärme wachsen die Pflanzen wie verrückt und bringen ein ungeheures Volumen an Biomasse und bergeweise Samen hervor. Dann sterben sie ab, und über den Winter hinweg fällt dieses organische Material auf den Boden, wo es zu Mulch wird, der die Zwei- und Mehrjährigen vor der Kälte schützt und im folgenden Frühjahr als Nährfläche für die Samen der Einjährigen dient.

Um diesen Prozess zu unterstützen, können Sie das organische Material mulchen oder sammeln und kompostieren, um Nährstoffe für die folgende Saison zu liefern. Gartenabfälle wie Pflanzenstängel können zudem verwendet werden, um Tiere zu füttern, die dann wiederum Mist ausscheiden, mit dem der Garten gedüngt werden kann.

Wenn ein Garten gut funktioniert und das biologische Gleichgewicht wiederhergestellt ist, braucht er abgesehen von Gießen, Pflanzen, Unkrautjäten, gelegentlichem Aufräumen und ab und an einer kleinen Portion Dünger wenig Aufmerksamkeit – um das meiste kümmert sich die Natur ganz von allein. Also lassen Sie Ihren Garten doch einfach selbst dafür sorgen, dass er gedeiht!

Ihre Bioabfälle ergeben mit Sicherheit einen verträglicheren Dünger als tonnenweise Torf und Düngemittel aus dem Baumarkt. Wieso im Herbst das gesamte organische Material zusammenrechen und häckseln oder abholen lassen und dann Bodenverbesserungsmittel kaufen, die am anderen Ende der Welt hergestellt werden? Das eigene System von Mutter Natur ist doch viel logischer! Wie man so schön sagt: Ihr Garten bietet Ihnen eine »Win-Win-Situation«. Sie brauchen einfach nur die Bioabfälle aus Ihrem eigenen Garten zu kompostieren.

Und Geld sparen Sie dabei auch noch: Erstens, weil Sie weniger Müllentsorgungskosten bezahlen müssen. Zweitens, weil Sie kein oder nur wenig Geld für Kompost und Düngemittel aus dem Baumarkt ausgeben müssen. Drittens, weil Sie teure Arbeitszeit sparen, da Sie nicht einkaufen gehen müssen. Gar nicht so schlecht, wenn man sinnvoll wirtschaften will, oder? Und zu allem Überfluss ist Ihr eigener Kompost auch noch relativ frei von Giftstoffen!

Weil es gar nicht so schwer ist, seine eigene Bio-Kompostanlage zu bauen

In Baumärkten und Gartencentern finden sich regalweise absurdeste High-Tech-Kompostierhilfen – doch in erster Linie machen diese eher den Geldbeutel als das Kompostieren leichter.

Das Geheimnis des perfekten Kompostbehälters besteht nämlich darin, dass es ihn nicht gibt. Denn was funktioniert und was nicht, hängt vom individuellen Klima in Ihrem Garten ab. Wenn es, besonders im Sommer, eher trocken ist, sollten Sie sich für einen geschlossenen Behälter entscheiden. Ist die Gegend, in der Sie leben, eher feucht, sorgt eine Kompostkiste aus Holzlatten für die notwendige Ventilation.

Beides können Sie aus etwas Altholz oder einer alten Mülltonne ohne großen Aufwand selbst zusammenzimmern und so Ihr eigenes Mini-Bioabfall-Recyclingcenter bauen. Dann ist es gar nicht mehr schwierig, brauchbaren Kompost herzustellen – allerdings sollte man sich nicht darauf verlassen, dass sich ein Haufen Bioabfälle und Gestrüpp ganz von selbst kompostiert. Wer seinen Komposthaufen ganz sich selbst überlässt, wird schon bald einen ausgetrockneten Schandfleck im Garten haben. Ein Behälter muss her, und in diesem sollte ein gutes Verhältnis zwischen kohlestoff- und stickstoffhaltigem Material herrschen.

Das optimale C:N-Verhältnis ist 25:1, also 25-mal so viel getrocknetes wie frisches grünes Material. Am wichtigsten beim Kompostieren ist der richtige Feuchtigkeitsgehalt. Ist Ihr Kompost zu feucht, verwandelt er sich in stinkenden Schlamm, ist er zu trocken, verrottet das Material nicht. Im Zweifelsfall lohnt es sich, den Haufen zu wenden oder in einen neuen Behälter umzuschichten, sodass der feuchte Bodensatz an die Oberfläche kommt. Ein paar Handvoll Steinmehl drübergestreut, um die Geruchsbelästigung im Rahmen zu halten – und fertig ist Ihre ganz persönliche Bio-Fabrikanlage!

Weil Tomaten auch nach etwas
schmecken können

Alle Jahre wieder lasse ich mich mit zwingender Regelmäßigkeit mindestens ein Mal von Sonderangebotsaufklebern und dem leuchtend roten Seidenglanz dicker Supermarkttomaten verlocken. Und mit ebenso zwingender Regelmäßigkeit ärgere ich mich mindestens ein Mal pro Jahr schwarz. Supermarkttomaten schmecken nämlich wie Pappdeckel mit einem Hauch von Säure. Außerdem ist ihre Haut meistens so fest, dass man sie kaum richtig schneiden und noch schlechter kauen kann.

Das Problem besteht darin, dass oft genau die Tomatensorten mit besonders dünner Haut auch besonders aromatisch schmecken. Klar, dass das Supermarktbetreibern überhaupt nicht in ihr Verkaufskonzept passt. Denn Tomaten mit dünner Haut werden schneller schlecht und müssen entsprechend schneller verkauft beziehungsweise entsorgt werden. Also werden in den meisten Supermärkten Tomaten mit dickerer Haut angeboten – auf Kosten des Aromas.

Die ersten absurden Blüten trug das Tomatenzüchten im Kalifornien der 1950er Jahre. Damals war das Nonplusultra in der Tomatenwelt die Entwicklung der sogenannten quadratischen Tomate. Laut Züchtern stellte das viereckige Gemüse eine bahnbrechende Innovation dar, weil plötzlich mehr Tomaten in Gemüsekisten untergebracht werden konnten und der Transport effizienter und dadurch billiger wurde. Die Wundertomaten rollten in Verpackungs- und Konservenfabriken nicht mehr so leicht von den Förderbändern, und außerdem hatten sie eine unfassbar dicke Haut. Der Spaß ging so weit, dass schließlich allen Ernstes getestet wurde, wie viel Druck das High-Tech-Gemüse standhalten konnte, ohne zu zerplatzen – und zwar von ebenjenem in

Florida ansässigen Unternehmen, das damals auch die Elastizität von Fahrzeugstoßstangen prüfte.

Möglicherweise war das der Augenblick, ab dem es abwärts ging mit dem Geschmack von kommerziell gezüchteten Tomaten. Aber zum Glück lässt sich die Qual der Geschmacksneutralität ja ganz einfach beseitigen. Denn wer seine eigenen Tomaten anbaut, trägt damit nicht nur zur Ernährungssicherung bei, sondern kann auch selbst entscheiden, welche Sorten so schmecken und aussehen, wie sie sollten – und die Auswahl ist gigantisch.

Wussten Sie beispielsweise, dass die kleinen roten Kirschtomaten, die es in jedem Supermarkt gibt, auch in Gelb, Purpurrot, Rosa, Orange, Grün und Weiß existieren, und dass sie auch birnenförmig und oval wachsen können? Dass es nicht nur Tomaten mit normalen Blättern, sondern auch robustere, kartoffelblättrige Pflanzen gibt? Dass Wildtomaten nicht größer als Johannisbeeren sind, es aber auch ein bis zwei Pfund schwere Exemplare gibt, die zusätzlich gestützt werden müssen, solange sie noch an der Pflanze hängen? Dass besonders trockene Sorten für Saucen und besonders saftige für Sommersalate und Saft gezüchtet werden? Dass manche Sorten früher und andere später im Jahr reifen, und dass manche ausgegeizt werden müssen, andere hingegen nicht? Dass einige Sorten alle Früchte auf einmal tragen und andere eine lange Saison haben, oder dass Tomaten in ungewöhnlichen Farben Vögel abschrecken? Die Liste der Unterschiede ist unendlich: Die amerikanische Seed Saver's Exchange, die größte Saatguttauschbörse der Welt, listete in ihrem letzten Katalog auf 193 Seiten fast 2.900 verschiedene Tomatensorten auf, von der Apfelsin über die Anna Hermann bis hin zu Uva Verde und Waltingers Fleisch aus Indien. Und die meisten von ihnen schmecken so, wie Tomaten schmecken sollten – nur dass wir sie fast nie zu Gesicht bekommen.

Zum Glück bieten mittlerweile aber auch Biosaatgutfirmen und Saatgutinitiativen in Zentraleuropa eine riesige Auswahl an verschiedenen Sorten an, und Tomaten zählen zu den beliebtesten Offerten auf den Tauschlisten. Haben Sie beispielsweise schon einmal Green Zebra, Stupice, Purple Calabash, Lukullus, Fleischtomate Himbeerfarbig, Reisetomate, Deutscher Fleiß, Brandywine, Green Gage, Yellow Gooseberry oder die Black Russian probiert?

Mir selbst läuft schon beim bloßen Klang der Namen das Wasser im Mund zusammen. Am liebsten würde ich gleich in die Küche gehen und mir einen Teller Tomaten mit Mozzarella und Zitronenbasilikum machen. Apropos Basilikum! Wussten Sie eigentlich, dass es Basilikum in Dutzenden von Geschmacksvariationen von Anis bis hin zu Zimt gibt?

Weil biologische Vielfalt wichtig ist

Für viele Gärtner ist ihr grünes Paradies der Ausdruck einer ganz besonderen Leidenschaft. Meine ist die Erhaltung der biologischen Vielfalt. Ich bin einfach nicht dazu in der Lage, auch nur einen noch so kleinen Garten (und sei es ein winziger Balkon) anzulegen, ohne wenigstens zu versuchen, einen Teil der biologischen Vielfalt zu erhalten. Sie ist ein kostbares Geschenk, das durch unsere ausbeuterische Lebensweise kleiner und kleiner wird.

Das geht ja schon mit den Wildpflanzen los: Mir ist aufgefallen, dass herkömmlich bewirtschaftete Gärten erstaunlich wenig biologische Vielfalt aufweisen. Nach ein paar Jahren beschränkt sich die Auswahl der Wildpflanzen dort meist auf die üblichen Missetäter wie Giersch, Winde, Quecke und ein paar Einjährige. Doch wenn man diese Gärten auf eine biologische Anbauweise umstellt, zeigen sich mit den Jahren langsam auch wieder andere Pflanzen, bis sich schließlich eine faszinierende Fülle verschiedener Gewächse angesiedelt hat. Sie kommen, gehen, kommen wieder, erscheinen an den erstaunlichsten Orten und werden oft von exotischen Insekten, Schmetterlingen und Vögeln begleitet. Manche werden zu einer wahren Gartenplage, aber die meisten spielen eine Rolle für das Ökosystem des Gartens oder sind sogar für den Menschen nützlich – und sei es nur, dass es so viel Spaß macht, die neuen Gartenbesucher zu identifizieren.

Doch die wunderbare Vielfalt der Natur hört bei den Wildpflanzen nicht auf: Bauern und Gärtner haben jahrhunderte-, ja vielleicht sogar jahrtausendelang daran gearbeitet, Kräuter-, Gemüse-, Obst- und Blumensorten zu perfektionieren. Einige unserer modernen Sorten machen deutlich mehr her als die alten und sind widerstandsfähiger gegen Krankheiten. Aber dennoch dürfen wir meiner Meinung nach das Alte nicht vollständig durch das Neue ersetzen. Früher versuchten noch verschiedene Regierungseinrichtungen und Genbanken, Arterhaltung zu betreiben. Doch wie fast alle Bereiche des öffentlichen Lebens sieht sich auch dieser mit starken Kürzungen konfrontiert, und viele Erhaltungsprogramme wurden wegen Geldmangels beendet.

Dabei wird häufig übersehen, wie viele Vorteile der Sorten- und Artenreichtum hat. Zahlreiche alte Sorten sind besonders gut an die lokalen Boden- und Klimabedingungen angepasst oder eignen sich für ganz besondere Zwecke.

Kartoffeln beispielsweise werden heute vornehmlich auf Krankheitsresistenz und die Kocheigenschaft »vorwiegend festkochend« hin gezüchtet. Tatsächlich ist das auch für die meisten Kartoffelgerichte von heute genau das Richtige. Aber für so manche lokale Spezialität benötigt man besonders mehlige Kartoffeln. Andere lokale Sorten lassen sich besonders leicht pellen oder behalten im Kartoffelsalat ihre Form, wieder andere sind sehr schnellkochend, weil sie als Tierfutter gedacht sind. Manche alten Getreidesorten und -arten weisen ganz andere Backeigenschaften auf als die moderne Durchschnittsware. Einige von ihnen, wie beispielsweise Einkorn und Emmer, sind mittlerweile wieder richtiggehend angesagt. Auch ältere Obstsorten unterscheiden sich in Geschmack, Kocheigenschaften und Haltbarkeit von ihren jungen Verwandten, und so manche alte Blumenart weist einen ungewöhnlichen Duft auf oder blüht in zarteren Farben als die moderne Nachkommenschaft.

Weil mich all diese Unterschiede so sehr faszinieren, bin ich mit den Jahren von der Sammelitis befallen worden, versuche dabei aber, mich auf Sorten und Arten zu konzentrieren, die vom Aussterben bedroht sind. Deswegen ist mein Garten meistens übervoll an Seltenheiten wie Balsampappeln, weißen Maulbeeren, alten schwarzen Johannisbeersorten, blauen Kartoffeln, weißem Borretsch, roten Topinambursorten, gelben Himbeeren, duftenden Pfingstrosen und, und, und …

Wenn ich meinen Garten und seine exotischen Bewohner ansehe, habe ich das Gefühl, diesen wunderbaren Züchtungen ein Zuhause zu schenken und sie für andere Gärtner zu erhalten. Schließlich wurde in der Landwirtschaft ewig lang hart daran gearbeitet, genau diese Sorte mit genau jenen Eigenschaften zu entwickeln! Wie Mark Twain einst witzelte: *Erziehung ist alles. Der Pfirsich war einmal eine Bittermandel, und die Blume ist nichts weiter als ein Kohlkopf mit akademischer Bildung.*

Weil wir sonst glatt vergessen könnten, dass es Jahreszeiten gibt

In unseren modernen Büros arbeiten wir acht Stunden am Tag (jedenfalls, wenn wir Glück haben) im Akkord, gefesselt an Monitor und Telefon. Dass es draußen so etwas wie eine Jahreszeit gibt, erkennen wir oft nur daran, dass es mal mehr und mal weniger kalt und dunkel ist, wenn wir morgens das Haus und abends das Büro verlassen. Hin und wieder können wir wenigstens unsere Mittagspause im Sonnenschein verbringen, aber gleich darauf müssen wir uns wieder in unseren düsteren Maulwurfsbau zurückziehen. Besonders im Winter könnte man als braver Arbeitnehmer außerhalb der Wochenenden glatt vergessen, dass die Natur überhaupt existiert.

Gerade hier in Deutschland witzelt man gern mal, Frühling, das sei ein lauer Vormittag im Mai. Ebenfalls beliebt ist das Gerücht, wir hätten nur zwei Jahreszeiten: neun Monate Winter und drei Monate Kälte.

Unvorhersehbar war das Wetter ja sowieso schon immer, und durch die Erderwärmung scheint das Klima-Chaos noch stärker geworden zu sein. Mit alten Bauernregeln, Lostagen und Schwendtagen oder dem Hundertjährigen Kalender kann man heutzutage keinen Hund mehr hinter dem Ofen hervorlocken. Vielleicht wird es während der Eisheiligen im Mai tatsächlich ab und an noch mal ein bisschen kälter, aber das war's dann auch schon mit der Prognoseleistung alter Bauernkalender.

Wo ist er nur hin, der Glaube an die alten Bauernsprüche, die früher fast so etwas wie Naturgesetze darstellten? Auf gewisse Weise ist es ein Verlust, dass wir uns nicht mehr nach diesem alten Wissen mit seiner teilweise etwas skurrilen Poesie richten können:

* *Geht die Sonne feurig auf, folgen Wind und Regen drauf.*
* *Nach oben schau, auf Gott vertrau, nach Wolken wird der Himmel blau.*
* *Siehst du Nebel auf Seen und Auen, kannst du getrost auf schön Wetter bauen.*
* *Gewitter in der Vollmondzeit verkünden Regen weit und breit.*
* *Der Nordwind ist ein rauher Vetter, doch er bringt beständig's Wetter.*
* *War bis zu Dreikönig kein rechter Winter, dann kommt auch keiner mehr dahinter.*
* *Wenn's zu Lichtmess stürmt und schneit, ist der Frühling nicht mehr weit.*
* *Ist zu Rupert der Himmel rein, wird er's auch im Juli sein.*
* *Bringt der Juli heiße Glut, gerät auch der September gut.*
* *Sankt Wolfgang Regen verspricht ein Jahr voller Segen.*
* *Hat der November einen weißen Bart, wird der Winter lang und hart.*
* *Weihnacht im Schnee – Ostern im Klee.*

Pustekuchen. Nicht einmal die Tagesschau kann das Wetter noch korrekt vorhersagen.

Man kann aber durchaus so etwas wie ein Gefühl oder einen siebten Sinn für das Wetter entwickeln – am besten, indem man das lokale Wetter über Jahre hinweg von einem günstigen Aussichtspunkt im eigenen Garten aus beobachtet. Nach einer Weile erkennt man dann intuitiv, ob Regen aufzieht oder sich der Himmel bald wieder klären wird. Und irgendwann sind Sie dann Ihre ganz persönliche Wetterstation. Meist hilft es, sich häufige Beobachtungen in Form von Faustregeln zu merken, zum Beispiel:

* *Wenn der Wind aus der und der Richtung kommt, hebt sich der Nebel.*

* *Wenn die Wolken so und so aussehen, dann regnet es sich bestimmt ein / dann ist Landregen angesagt.*

Es gibt auch ein paar allgemeingültige Wetterregeln, die trotz Klimaschwankungen und Erderwärmung noch immer zutreffen:
* *Wenn die Bäume ihre Blattunterseiten nach oben wenden, kommt Regen (vor allem bei Pappeln und Birken gut sichtbar).*
* *Das Wetter wechselt oft nach Vollmond.*
* *Ein deutlicher Ring um den Mond bedeutet meist Regen.*
* *Ein seltsamer, dunstiger Sonnenaufgang ist ein Zeichen dafür, dass seltsames Wetter bevorsteht.*

Probieren Sie es einfach mal aus! Selbst, wenn Sie noch gar nicht so lange in der Gegend wohnen, werden Sie sicher schnell eine Menge eigener Wetterregeln entdecken können.

Weil Tier- und Sturmbeobachtung
so spannend sind

Haben Sie schon einmal in einer milden Sommernacht im Bett gelegen und auf die Geräusche geachtet, die durch das offenstehende Fenster aus dem Garten in Ihr Schlafzimmer gedrungen sind? Die Blätter rascheln, rauschen und knistern im Wind, Zweige biegen sich ächzend oder kratzen und reiben leise gegeneinander. Und dann erst die Tiere, die nachts aus ihren Höhlen kommen: Das raschelt und scharrt, schmatzt und knackt, keckert und faucht, schnarcht und schnauft. Neugierig und auch ein bisschen besorgt, was sich da denn für eine Konferenz der Tiere im Garten versammelt hat, schält man sich aus dem Bett und huscht in Puschen ins Freie, um den Unruhestifter mit dem Lichtkegel der Taschenlampe zu verscheuchen – und was findet man? Einen einzigen, winzig kleinen Igel, der einen mit seinen Knopfäuglein überrascht mustert.

Tierbeobachtung mag ein etwas spießiges Image haben – aber Sie werden staunen, wie viel Spaß es macht, sich mit einem Bestimmungsbuch auf die Lauer zu legen und sich als großer Entdecker zu fühlen, wenn man mal wieder eine neue Tierart in seinem Garten entdeckt hat. Ich erinnere mich noch, wie mich mein Lebensgefährte einmal in den Garten rief, wo er ganz aufgeregt auf und ab hüpfte und mich anwies, auf der einen Seite des Hauses stehen zu bleiben und auf weitere Anweisungen zu warten. Dann fetzte er ums Haus herum und fragte mich, ob in dem Schornstein auf meiner Seite ein Kauz zu sehen sei. Als ich hinüberrief, dass dem so sei, jubelte er selig, dass wir jetzt schon zwei Waldkäuze im Schornstein hätten, einen auf jeder Seite. Er freute sich wie ein kleiner Junge und tat fast schon so, als wäre es sein persönliches Verdienst, dass sich die Tiere bei uns wohlfühlten, auch wenn uns ihr »Komm mit«-Ruf mitunter doch ein bisschen auf den Keks ging.

Sollten Sie Kinder haben, gibt es wohl kaum eine schönere Möglichkeit, ihnen die Natur nahezubringen, als gemeinsame Tierbeobachtung. Die meisten Kinder sind grundsätzlich neugierig und können sich stundenlang auf eine Sache konzentrieren, wenn man es nur schafft, ihren Entdeckertrieb zu wecken.

Nicht minder aufregend, aber doch eher etwas für Erwachsene, ist die Sturmbeobachtung. Stürme haben etwas beeindruckend Ursprüngliches an sich und geben, wenn man sie von Anfang an beobachtet, ein wirklich faszinierendes Schauspiel ab. Sie brauchen dafür nichts weiter als ein Plätzchen mit Blick auf den Himmel – allerdings sollte es sich am besten an der frischen Luft befinden, damit Sie die atmosphärischen Veränderungen mitbekommen. Machen Sie es sich einfach gemütlich, trinken Sie ein Glas guten Wein und sehen Sie zu, wie sich die dicken Wolken zusammenziehen und der Sturm aufkommt. Spüren Sie beim Peitschen der ersten Böen dem kurzen Angststoß nach, der uns überkommt, wenn wir uns mit den Naturgewalten konfrontiert sehen, und beobachten Sie genau, wie sich die Licht- und Temperaturverhältnisse verändern. Sobald dann der entscheidende Blitz niedergeht und die ersten dicken Tropfen prasseln, können Sie sich nach drinnen zurückziehen und stolz darauf sein, wie tapfer und mutig Sie direkt ins Auge des Sturms geblickt haben.

Weil wir viel zu selten
im Dreck wühlen

Als meine Tochter mich vor ein paar Jahren besuchte, sagte sie einmal, als ich nach mehreren Stunden Umgraben wieder ins Haus kam, zu mir: »Mami, ich habe ganz vergessen, was für ein Maulwurf du bist!« Sie mag Gärten genauso gern wie ich, kann aber nur ansatzweise verstehen, warum ich so viel Spaß daran finde, stundenlang mit den Händen in der Erde herumzuwühlen.

Und dabei gibt es eigentlich gar nicht so wenige Menschen, die gern im Matsch spielen – oder ist Ihnen noch nicht aufgefallen, wie gern Kinder in schlammigen Pfützen herumplantschen und »Sandkuchen« backen? Doch irgendwann fühlen wir uns zu »erwachsen« für diese Formen des Vergnügens. Stattdessen bügeln wir unsere Jeans, maniküren sorgfältig unsere Fingernägel und fangen an, uns vor Regenwürmern zu ekeln. Wer sich seine Freude am archaischen Wühlen im Dreck nicht bewahrt hat, entwickelt meist eine regelrechte Abneigung gegen all das, was er als schmutzig empfindet: »Schatz, willst du nicht ins Haus kommen und dich hübsch machen?« oder »Kind Gottes, wie sehen denn deine Hände und Knie schon wieder aus? Ab ins Badezimmer mit dir!« So und ähnlich verschafft sich das Entsetzen der Desinfektionsmittelfreunde Luft, die damit aber nur auf blankes Unverständnis seitens der »Dreckfraktion« stoßen.

Denn wer einmal entdeckt hat, wie befreiend es ist, sich dreckig zu machen, vergisst diese Offenbarung niemals wieder: Es ist wie eine kleine Flucht aus den starren Regelungen unseres modernen Alltags, aus den straffen Zeitplänen, den Benimmregeln für jede erdenkliche Situation. Es schenkt uns ein kleines

Stückchen Freiheit und Unabhängigkeit. Wer im Dreck wühlt, sagt der Welt für zehn Minuten: »Ist mir doch wurscht, was ihr alle von mir denkt.«

Schließlich können wir nicht 365 Tage im Jahr, 24 Stunden am Tag volltechnisierte Vorzeigebürgerinnen und -bürger sein: Ab und an will er raus, der archaische Neandertaler-Reflex in uns.

7

DER GARTEN ALS SPARSCHWEIN

Weil er uns daran erinnert, dass man es mit der Sparsamkeit auch übertreiben kann

Manche Menschen haben die Sparsamkeit zu einer solchen Tugend erhoben, dass ihr Geiz fast schon als Kunstform bezeichnet werden könnte. Sie würden wirklich alles dafür tun, nur einen einzigen Euro zu sparen. Vor Jahren erzählte mir einmal der Enkel eines Multimillionärs, dass sein Großvater in der Eingangshalle seines palastartigen Anwesens allen Ernstes ein Münztelefon installieren ließ, damit seine Gäste nicht auf seine Kosten telefonierten! Aber in den meisten Fällen treibt übertriebene Sparsamkeit zum Glück *etwas* unauffälligere Blüten. Doch wahrscheinlich hat jeder von uns einen Bekannten oder Verwandten, dessen Küchenschubladen überquellen vor einmal benutzten Plastiktüten und Gummibändern, Bindfadenresten, gebrauchtem Geschenkpapier und, und, und… schließlich ist doch alles noch »viel zu gut, um es wegzuwerfen«, und außerdem »kann man es ja vielleicht noch einmal gebrauchen«.

Genauso sieht es mit aus dem Ruder gelaufener Recycling-Begeisterung aus: Natürlich ergibt es Sinn, seinen Müll zu trennen und darauf zu achten, so wenig Abfall wie möglich zu produzieren. Aber sich seinen Alltag damit zu versauern, jedes noch so kleine Stückchen Papier, Plastik, Glas und Metall wiederzuverwerten, macht einfach keine gute Laune.

Wie schön und erfrischend Verschwendung manchmal sein kann, ruft uns zum Glück Mutter Natur selbst in Erinnerung. Man braucht sich nur die üppige Samenproduktion mancher Pflanzen anzusehen, um zu begreifen, wie gern die Natur prasst: Eine einzige Hanfpflanze beispielsweise bringt genug Samen hervor, um einer ganzen Vogelfamilie monatelang Futter zu spenden oder einen ganzen Morgen Land mit winzigen Setzlingen zu überziehen. Wenn wir Menschen uns genauso hemmungslos vermehren würden, gäbe es auf der Erde schon längst keinen Millimeter Wohnraum mehr. Oder denken Sie an die Wunder, die ein einzelner Kirschbaum vollbringt: all die Kirschkerne, umgeben von düngendem Fruchtfleisch. Und doch entstehen um den Mutterbaum herum nur ganz wenige Kirschbaumbabys. Mutter Natur verstreut ihre Kinder in Hülle und Fülle – und solange nur einige wenige von ihnen überleben, ist in der grünen Welt alles in bester Ordnung.

Dennoch ist es natürlich ratsam, seinen Garten mit einer gewissen Ökonomie und Sparsamkeit zu unterhalten – nicht nur, weil Geld eben leider nicht auf Bäumen wächst, sondern auch aus Umweltgründen. Und glauben Sie mir: Je selbstgenügsamer Ihr Garten wird, desto mehr werden Sie seine Früchte zu schätzen lernen.

Weil selbst angebautes Gemüse einfach billiger ist

Auch wenn trotz der vieldiskutierten Krise in unseren Breitengraden kaum jemand am Hungertuch nagen muss, kann es nie schaden, ein paar Euro pro Monat weniger für Nahrungsmittel auszugeben. Gerade wer Wert auf Bioprodukte legt, muss im Reformhaus oder Supermarkt an der Kasse manchmal ganz schön schlucken.

Erst kürzlich hat einer der allgegenwärtigen Finanz-«Experten» herausgefunden, was wir eigentlich alle schon lange wussten: Je geringere Mengen wir auf einmal kaufen, desto weniger Nahrungsmittel verderben in unseren Kühlschränken und desto weniger Geld verschwenden wir. Und hier kommt der eigene Gemüsegarten ins Spiel. Denn wenn Sie Ihre eigenen Nahrungsmittel anbauen, können Sie auch selbst bestimmen, wie viel wovon Sie eigentlich benötigen. Natürlich kann man die Erntemenge nicht immer ganz genau regulieren, aber das überschüssige Obst und Gemüse aus einer Rekordernte lässt sich ja auch durch Einmachen oder anderweitig konservieren.

Und überkommt Sie im Supermarkt auch manchmal der Heißhunger, nur weil Sie an einem bestimmten Produkt vorbeigelaufen sind, und am Ende Ihres Einkaufs liegen haufenweise Sünden im Wägelchen, die Sie eigentlich gar nicht kaufen wollten? Wer seine Nahrungsmittel aus dem eigenen Garten holt, kommt gar nicht erst in Versuchung und hat damit nicht nur eine Menge Geld, sondern in der Regel auch einige Kalorien gespart.

Das Schönste an eigenen Gartenprodukten aber ist, dass sie nicht nur billiger sind als Frischwaren aus dem Supermarkt, sondern fast immer auch von höherer Qualität. Das liegt vor allem daran, dass die meisten Gemüsesorten besonders gut schmecken, wenn sie direkt nach der Ernte verzehrt werden. Die meisten Supermarktwaren haben aber schon eine längere Reise oder wenigstens mehrere Tage im Gemüseregal hinter sich. Mais, Kräuter und Salat beispielsweise schmecken ganz anders, wenn man sie taufrisch probiert. Auch Tomaten und frische Erbsen sind ein ganz neues Geschmackserlebnis, wenn sie vor dem Verzehr nicht lange im Laden herumlagen. Als Faustregel gilt, dass alles Blattgemüse und Sorten, die über der Erde wachsen, möglichst gleich konsumiert werden sollten. Wurzelgemüse hingegen kann auch relativ problemlos eingelagert werden.

Obst ist nicht ganz so empfindlich: Lagert man es bei Raumtemperatur, beispielsweise in einer Speisekammer, verdirbt es nicht so schnell und verliert auch bei Weitem nicht so viele Nährstoffe wie Gemüse.

Weil im Geräteschuppen nur manches
vom Feinsten sein muss

Die meisten Hobbys haben einen entscheidenden Nachteil: Wenn
man sie ernst nimmt, verwandeln sie sich früher oder später in
die reinsten Materialschlachten, und wer gut werden will, muss
eine Menge Geld investieren. Ein ordentliches Rennrad bekommt
man beispielsweise nicht unter tausend Euro, und wer sich der
Malerei widmen möchte, staunt oft nicht schlecht darüber, wie
viel Geld man für Staffelei, Farben und Pinsel loswerden kann.

Ein guter Gärtner dagegen kann mit wenigen Geräten aus-
kommen, und auch von diesen müssen nur einige von bester
Qualität sein.

Die konkrete Auswahl hängt natürlich ganz davon ab, was für
eine Art von Garten Sie haben, wie Sie gärtnern, wie kräftig Sie
sind und was für einen Boden und welches Kleinklima Ihr Garten
aufweist. Meine persönlichen drei Luxusgeräte sind die Grabegabel, die Baumsäge und eine extrem scharfe Gartenschere. Klar,
ich nutze auch Rechen, Handspaten, Spaten und andere Scheren.
Aber meine drei Favoriten kommen fast jedes Mal zum Einsatz,
wenn ich in der Erde wühle. Und deswegen sind sie, aber auch
wirklich nur sie, von allerbester Qualität.

Mein liebstes und teuerstes Geräte-Kind ist die Hand-Garten-
schere, die ich für so gut wie alles verwende. Egal, ob ich Tisch-
blumen oder Schnittlauch für die Brotzeit brauche, die Rosen
oder meine Johannisbeersträucher zurückschneiden will oder
kleinere Baumäste entferne: Die Gartenschere leistet mir immer
unbezahlbare Dienste, und deswegen tun die paar Euro mehr, die
ich investiert habe, überhaupt nicht weh.

Platz zwei in meiner Liste der High-Class-Gartengeräte belegt
die Grabegabel. Die benutze ich nämlich nicht nur für ihren ei-

gentlichen Zweck, der darin besteht, im Herbst die Beete umzugraben. Sie kommt auch zum Einsatz, wenn ich den Boden auflockern will, weil er zu feucht geworden ist, um Pflanzen auszugraben, für die Kartoffelernte und nicht zuletzt, um Unkraut zu jäten, das besonders festes oder langes Wurzelwerk hat. Quecken sind beispielsweise derart renitente Biester, dass sie sich meiner Erfahrung nach nur beseitigen lassen, indem man das befallene Beet und die endlos langen Wurzeln mit der Grabegabel bearbeitet. Hundertprozentig wird man so widerspenstiges Kraut zwar auch mit dieser Methode nicht los, aber immerhin kann man verhindern, dass es den gesamten Garten überwuchert.

Luxusartikel Nummer drei ist eine gute Baumsäge. Irgendein Baum muss doch immer zurückgeschnitten werden, im Herbst müssen monströse Sonnenblumenstängel gefällt werden, und dann sind da auch noch diese lästigen Zweige, die immer genau da wachsen müssen, wo sie so richtig im Weg sind. Natürlich kann man sich für solche Zwecke auch eine Motorsäge zulegen, aber ich persönlich habe ziemliche Angst vor den Dingern, und außerdem sind sie teuer und ruinieren den Fitness-Effekt der Gartenarbeit.

Die einzigen motorisierten Gartenhilfen, die ich zumindest für teilweise sinnvoll halte, sind Motorhacken beziehungsweise Häcksler, die man aber auch nur dann wirklich braucht, wenn man einen sehr großen Garten hat. Allerdings sollte man nicht unterschätzen, was für Nachteile diese Elektro-Monster mit sich bringen. Aufgrund des scheußlichen Lärms, den sie produzieren, strapazieren sie die nachbarschaftliche Harmonie nämlich mitunter ziemlich heftig. Außerdem sind sie gefährlich und teuer.

Was kleine Handspaten betrifft, lohnt es sich wirklich nicht, viel Geld auszugeben. Ich verliere pro Saison unweigerlich mindestens einen, weswegen sich größere Investitionen einfach nicht rentieren. Das billigste Exemplar sollte es aber auch nicht sein, weil sich das Metall bei härterem Boden gleich verbiegt und im

Zweifelsfall auch noch der Griff abbricht, was schon zu so einigen gärtnerischen Wutanfällen geführt hat.

Ihr persönliches Triumvirat der unverzichtbaren Gartengeräte wird sich innerhalb weniger Gartenwochen ganz von selbst herauskristallisieren – Sie werden sich wundern, wie wenig Schnickschnack Sie wirklich brauchen, um Freude am Gärtnern zu haben.

Weil im Garten das passende Geschenk
für jeden Anlass wächst

Oma Rosi und Opa Otto haben dreihundertsten Hochzeitstag? Ihre immer etwas misslaunige Schwiegermutter Geburtstag? Sie sind spontan zu einem feuchtfröhlichen Abend bei einem potenziellen Auftraggeber eingeladen und wollen ihn mit einem kleinen Gastgeschenk beeindrucken, kämpfen derzeit aber mit einem finanziellen Engpass?

Wie gut, dass Sie einen Garten haben, der in Sachen Sortiment jeden Geschenkeladen in den Schatten stellt.

Im Frühling kann schon ein kleines Sträußchen aus den allerersten Veilchen und Schlüsselblümchen, umrahmt von grünen Veilchenblättern, für ein glückliches Lächeln sorgen. Einige Wochen später ist es dann auch schon an der Zeit für liebevoll zusammengestellte Körbchen mit frischen Zuckererbsen, Erdbeeren und/oder Radieschen. Im Hochsommer beschenkt Ihr Garten Sie und Ihre Freunde mit Bauerngarten- und Kräutersträußchen, und im Herbst werden Ihre Küchenschränke förmlich überquellen von hausgemachtem Pflaumenwein oder Vogelbeergelee. Und keine Sorge: Auch wenn Gärten im Winter nicht wirklich viel zu bieten haben – Weihnachten ist gerettet. Denn aus Gartenprodukten lassen sich köstliche duftende Potpourris und Weihnachts- oder Gewürzkränzchen herstellen.

Wer gern kocht, wird sich sicher über frische oder getrocknete Kräuter freuen. Die aromatische Vielfalt Ihres Gartens lässt sich aber auch in Öl oder Essig konservieren. Dafür brauchen Sie nur ein paar frische Kräuterzweige, beispielsweise von Estragon, Zitronenmelisse, Bohnenkraut, Oregano, Rosmarin, Ysop oder Thymian, ein paar kleine, dekorative Flaschen und die besten

Grundzutaten wie Apfel- oder Weinessig. Essigessenz benutze ich niemals, weil sie so einen harten Geschmack hat.

Für einen würzigen, leicht scharfen Essig beispielsweise müssen Sie nur zwei bis drei kleine Zweige gewaschenen und getrockneten Estragon in die Flasche schieben, eine frische oder getrocknete Chilischote und einige frische, gehäutete Schalotten hinzugeben. Auch ein bisschen Ingwerwurzel macht sich in der Mischung gut. Flasche verkorken, ein paar Tage ziehen lassen, eine rote Schleife um den Flaschenhals binden, und fertig ist ein günstiges und ungewöhnliches Geschenk, das auch noch eine sehr persönliche Note hat.

Für einen traditionelleren Kräuteressig kommen jeweils einige Zweige Thymian, Estragon, Bohnenkraut und Dillsamen (noch an der Dolde) sowie gehäutete Schalotten in den Essig. Was den Geschmack betrifft, eignet sich als Basis für Kräuteressig der feinaromatisierte Apfelessig am besten, aber auch Weiß- und Rotweinessig übertünchen die Geschmacksnoten nicht. Es gibt Hunderte verschiedener Zutatenvariationen – Ihrer Fantasie sind also keine Grenzen gesetzt!

Dasselbe funktioniert auch mit Olivenöl, wobei man vornehmlich stärkere Kräuter wie Rosmarin, Ysop, Oregano und die verschiedenen Basilikumsorten verwenden sollte. Auch hier sorgen Schalotten und Chilischoten für eine feine Note. Und achten Sie darauf, nur bestes natives Olivenöl zu benutzen!

All diese abgefüllten Gartengeschenke lassen sich in einer dunklen, kühlen Ecke langfristig lagern.

Bei weicheren Kräutern wie Dill oder Basilikum sollten Sie aber nicht vergessen, dass sie sich mit der Zeit im Öl oder Essig auflösen. Deswegen sollte man sie besser in einem Einmachglas mit großer Öffnung ansetzen und dann nach sieben bis 14 Tagen aus dem Öl beziehungsweise Essig entfernen. Danach gibt man einige Kräuterzweige mit festeren Blättern wie Estragon oder Ysop in eine Zierflasche, gießt die aromatisierte, abgeseihte Flüssigkeit hinein und verkorkt die Flasche wie gewohnt.

Oder wollen Sie vielleicht einen echten Badewannenfan beschenken? Auch hochwertige Körperpflegeöle wie Mandel, Sesam oder Jojoba können mit Lavendel, Rosmarin, Ringelblume, Zitronenmelisse, Duftgeranien oder Zitronengras verfeinert werden. Wer sich gut mit Heilkräutern auskennt, kann auch medizinisches Badeöl herstellen und dieses in hübschen Glasflaschen verschenken.

Falls Sie einen großen Blumengarten haben, können Sie sich auch an Kräutersäckchen und Potpourris versuchen. Ich persönlich habe eine ziemliche Abneigung gegen die sogenannten Schlaf-Kräuterkissen, die man in Fachgeschäften kaufen kann, weil ich allergisch auf die Kräuter reagiere, wenn sie die ganze Nacht über direkt vor meiner Nase liegen – und das geht nicht wenigen Menschen so. Wesentlich angenehmer (und praktischer) finde ich da schon Kräuterkissen fürs stille Örtchen, die man direkt über die Toilette hängen kann. Wer nicht gerade vorhat, bei seiner Sitzung eine Symphonie zu komponieren oder den gesamten Brockhaus zu lesen, dürfte auch keine Probleme mit Allergien bekommen.

Die Herstellung von Potpourris ist sehr einfach. Außerdem erzeugen sie meist keine allergischen Reaktionen, obwohl man Lavendel und ätherische Öle durchaus eher vorsichtig portionieren sollte. Einfach Blütenblätter trocknen – besonders geeignet sind Rosenblätter und die Blätter der Zitronenverbene – und mit Veilchenwurzelpulver *(Rhizoma iridis)* fixieren. Ein selbst gemachtes Potpourri in einer schönen Schale – wer freut sich nicht über ein solch blumiges Geschenk?

Weil Tauschen einfach mehr Spaß macht als Kaufen

Die erste Tauschbörse, die ich organisiert habe, war ein totaler Flop. Ich ging einfach davon aus, dass alle Leute, die gärtnern, genauso von der Sammelleidenschaft besessen sind wie ich. Die bittere Lektion, dass dem keineswegs so ist, folgte natürlich auf dem Fuße. Zudem ist das gesamte Konzept des Tauschens vielen Menschen völlig fremd. Bei meinem ersten Markt sahen die meisten Besucher mich und die wenigen anderen Gärtner, die Pflanzen zum Tauschen mitgebracht hatten, so an, als wären wir kinderfressende Mitglieder eines neuen und hochgefährlichen Kults. Stimmt ja auch: Leute, die Sachen verschenken, sind immer irgendwie verdächtig. Schon unsere Mütter haben uns schließlich vor den großen bösen Männern mit den Bonbons in der Tasche gewarnt.

Zum Glück konnten sich Tauschmärkte über alle kulturellen Vorbehalte hinweg dann doch irgendwann etablieren. Heute findet man sie nicht nur in Großstädten, sondern auch auf dem Land. Hinweise auf Veranstaltungen sind im Internet unter dem Suchbegriff »Pflanzentauschmarkt« zu finden, in Lokalzeitungen, in den Foren von Gartenzeitschriften und in Mitteilungsblättern von Saatguterhaltungsvereinen. Wer eine solche Veranstaltung organisieren will, wendet sich am besten an eine Gruppe, die bereits Erfahrungen damit gesammelt hat und zusätzliche Tipps geben kann.

Es gibt kaum einen schöneren (und billigeren) Anlass, mit anderen Gartenbegeisterten zusammenzukommen, Fachtipps auszutauschen und seltene Pflanzen zu tauschen. Warum auch sollte man überschüssige Pflanzen, für die man selbst keine Verwendung hat, einfach auf dem Kompost entsorgen? Irgendein anderer Gärtner ist vielleicht schon seit Jahren verzweifelt auf der Suche nach genau der Pflanze, die Ihren Garten schon langsam zu überwuchern droht. Außerdem bietet sich auf Tauschmärkten immer die Gelegenheit, etwas Neues zu lernen: Auf jedem, den ich bislang besucht habe, bot mindestens ein Besucher ein Gewächs an, das ich noch nie im Leben gesehen hatte.

Trotz meines Tauschbörsenenthusiasmus sollte ich aber eine kleine Warnung aussprechen: Wenn Sie Pflanzen aus anderer Leute Garten in Ihren eigenen migrieren, bringen Sie möglicherweise auch Insekten, Kleintiere, Mikroorganismen oder Samen mit, auf die Sie nicht vorbereitet waren. Schnecken beispielsweise haben die äußerst ungehörige Angewohnheit, ihre Eier in der Erde zu verstecken, was ein paar Monate nach der Pflanzung zu ziemlich unschönen Überraschungen führen kann. Seien Sie also darauf gefasst, dass Sie unerwünschte Besucher mit nach Hause bringen. Wenn Sie ganz auf Nummer sicher gehen wollen, können Sie die Pflanzen zunächst isoliert in einem Blumentopf unterbringen und sorgfältig beobachten, ehe Sie sie in ein Beet verfrachten.

Und die gute Nachricht lautet: Auch ausgesprochen erfreuliche Überraschungen sind möglich: Manchmal zeigen sich im nächsten oder übernächsten Jahr (besonders im Fall von Licht- oder Frostkeimern) ganz unerwartet Pflanzengesellen der freundlichen Art!

Weil Gartengestaltung zwar etwas Zeit, aber kaum Geld kostet

Ganz allein den Gartenarchitekten zu spielen macht nicht nur Spaß, sondern bewahrt Sie auch davor, horrende Honorare bezahlen zu müssen. Am meisten Geld sparen Sie bei der Gartengestaltung oder bei Umbauten aber ganz sicher dadurch, dass Sie sich viel *Zeit* für die Planungsphase nehmen.

Wer sich einen Garten zulegt, strotzt anfangs meist nur so vor Enthusiasmus und Tatendrang. Aber lassen Sie sich nicht von Ihrem eigenen Eifer überrumpeln: Nach ein oder zwei Jahren werden Sie nämlich mit einiger Sicherheit feststellen, dass Ihr Garten ein paar Besonderheiten aufweist, die Ihnen auf den ersten Blick gar nicht aufgefallen sind. Vielleicht bekommt die rechte Gartenseite viel weniger Sonne als die linke, weswegen Sie dort keine Bäume pflanzen sollten, die zusätzlichen Schatten werfen. Oder Sie entdecken einen riesigen Stein im Boden, der nur von einer dünnen Erdschicht bedeckt ist. Dann ist da auch noch die Wetterseite, die durch Hecken geschützt werden sollte, und so weiter und so fort. Jeder Garten hat sein individuelles Mikroklima, und es braucht seine Zeit, bis man alle Besonderheiten und Tücken entdeckt hat. Erst wenn Sie Ihren Garten wirklich gut kennen, können Sie entscheiden, welche Konstruktionen sinnvoll sind. Wenn Sie sich Zeit für die Planungsphase nehmen, kommen Sie also um unnötige Um- und Nachbauten und eine Menge Enttäuschungen und Frust herum.

Auch für die Zusammenstellung Ihrer Pflanzen sollten Sie sich Zeit lassen. Der Kauf von Stauden, Kräutern und Einjährigen kann nämlich ziemlich ins Geld gehen. Durch dezentes Schnorren lassen sich eine Menge kostenlose Pflanzen zusammentragen, und Ihre Gartennachbarn werden sich sicherlich freuen, Sie mit ein, zwei Pflanzen aus ihren Beeten in der Gegend willkommen zu heißen. Auch Freunde und Verwandte sind meistens froh, wenn man ihnen ein sinnvolles Geschenk nennen kann. Auf Tauschmärkten lassen sich viele Pflanzen viel günstiger erstehen als im Gartencenter, und außerdem können Sie Stecklinge von Büschen und Sträuchern nehmen, die in benachbarten Gärten wachsen, und die Begrünung damit ausweiten. Besonders leicht lassen sich Stecklinge von Oleander, den verschiedenen Sukkulenten, von Johannisbeeren, Pfeifenstrauch, Wildrosen, Feigen und Flieder nehmen. Und die meisten Kräuter und Erdbeerpflanzen lassen sich ganz einfach durch Ableger vermehren.

Wenn Sie eine Weile gesammelt haben, können Sie dann die Pflanzen, die Sie auf diesem Wege nicht gefunden haben, im Laden kaufen. So haben Sie viel mehr Geld für ausgefallene Raritäten übrig.

Weil der Florist zu teuer kommt

Wer sich auch in seinem Haus gern mit Blumen umgibt, muss manchmal ganz schön tief in die Tasche greifen: Blühende Topfpflanzen und Schnittblumen können eine teure Angelegenheit sein, wenn man sie im Blumenladen kauft. Wenn man dann noch bedenkt, dass viele exotische Blumen mit großem Chemie- und Energieeinsatz und sogar Kinderarbeit »verarbeitet« werden, kann einem schnell die Lust vergehen, sich solche Gewächse überhaupt mit ins Haus zu nehmen.

Wie schön, dass Sie einen Garten haben, in dem Sie sich nach Herzenslust bedienen können! Sie müssen ja nicht gleich die japanische Kunst des Ikebana erlernen und komplizierte Gestecke zusammenstellen: Wer ein Weilchen lang seine Blumenbeete gepflegt hat, entwickelt meist ein natürliches Gespür dafür, was gut zueinander passt, und kann seinen Haushalt mit hübschen Sträußchen, Vasen voller Wildblumen oder einzelnen Blüten aufhellen. Die ersten Schneeglöckchen im Frühling, eine Rose am Sommeranfang, Wiesenblumen im Hochsommer und leuchtende Sonnenblumen für den Herbst oder Barbarazweige im Winter kann man in so gut wie jedem Garten ziehen. So ist man das ganze Jahr über mit buntem, duftendem Zimmerschmuck versorgt, ohne ein einziges Mal zum Floristen spazieren zu müssen.

Weil man nur mit Bedacht
recyceln sollte

In vielerlei Hinsicht lässt sich der Garten als regelrechte Wieder-
verwertungsanlage verwenden – und was das Recycling von Produkten betrifft, die Ihr Garten selbst erzeugt hat (beispielsweise
Kompostabfälle), ist das meist auch keineswegs bedenklich.

Bei allen Gegenständen, die nicht direkt aus der Natur stammen, sollten Sie sich aber zweimal überlegen, ob sie wirklich
einen Platz in Ihrem Garten verdient haben, insbesondere dann,
wenn Sie einen Biogarten betreiben.

Ein typisches Beispiel sind alte Eisenbahnschwellen. Sie sind
billiges Altholz, und man hat auch noch das Gefühl, der Umwelt
etwas Gutes zu tun, wenn man sie recycelt. Deswegen finden
sie sich in vielen Gärten als gestalterische Elemente, beispielsweise als Beetumrandung. Kaum ein Gärtner macht sich bewusst,
dass das Holz mit starken Chemikalien behandelt wurde, damit
es widerstandsfähiger gegen Schädlinge wird. In der Nähe von
Pflanzen, die später einmal als Nahrungsmittel dienen sollen,
haben solche Giftstoffe nichts zu suchen. So manchen Gärtner
habe ich auch schon dabei beobachtet, wie er alte Vorleger und
Teppiche auf dem Grund ausbreitete, um die Unkrautbildung zu
verringern. Doch die meisten Teppiche bestehen aus Kunststoff-
fasern und werden oft mit giftigen Chemikalien behandelt. Wieder andere Recyclingfans legen alte Pappstreifen aus und streuen
eine Mulchschicht darüber, um Unkraut am Wachstum zu hin-
dern. Früher oder später gleichen ihre Gärten aber immer einer
Müllhalde, weil Pappe in der grünbraunen Umgebung sofort auf-
fällt. Beliebtes Mulchmaterial für Gartenbeete, bei dem kaum ein
Gärtner ein schlechtes Gewissen bekommt, sind Sägespäne und
Rindenmulch. Beides stammt aus der Natur und fällt im Garten

häufiger mal an. Zwar verringern beide Stoffe tatsächlich das Unkrautwachstum, ohne Gifte zu verbreiten – aber sie brauchen Stickstoff, um sich zu zersetzen. Diesen rauben sie genau den wachsenden Pflanzen, die Sie eigentlich schützen wollten. Die Bewohner Ihrer Gartenbeete werden also schnell kränklich und sklerotisch aussehen, wenn Sie das falsche Mulchmaterial verwenden, nur »weil es eben da war«.

Doch es gibt auch Gartenbereiche und Materialien, mit denen Sie richtig kreativ werden können. An Wänden, Zäunen und Fußwegen lassen sich Recyclingstoffe oft bestens verwerten. Ich habe schon wunderschöne Gartenwände inklusive Pflanznischen gesehen, die aus altem Maschendraht, angeschlagenen Ziegeln und einer dicken Schicht Baulehm bestanden. Alte Flaschen und Ziegel eigenen sich als Umgrenzungen für Blumen- und Gemüsebeete, und auch Zäune aus wiederverwerteten Rundlingen und Latten, die problemlos und billig ersetzt werden können, sehen oft richtig schick aus. Rindenmaterial macht sich gut auf Fußwegen, weil es Unkraut niederhält, und kann ebenfalls als Beetumrandung eingesetzt werden.

Natürlich gibt es noch zahlreiche weitere Möglichkeiten, natürliche und künstliche Gegenstände im Garten zu recyceln – und eine Menge Fallen, in die man tappen kann und die hier nicht genannt wurden. Die meisten Problemfälle werden Ihnen aber von selbst auffallen. Sie sollten einfach nur nicht vergessen, darüber nachzudenken, was Sie da eigentlich gerade zu einem Bestandteil Ihres grünen Paradieses machen wollen.

Weil Sparen im Garten so einfach ist

Wer sich einen Garten zulegt, stöbert anfangs meist wie verrückt in Gartenzeitschriften, Katalogen und Baumärkten sowie auf Messen und Gartenschauen. In Anbetracht der Flut an Angeboten und Möglichkeiten kann man schnell den Eindruck gewinnen, dass so ein Garten doch eine recht teure Angelegenheit ist. Viele Gartennovizen werfen anfangs Geld zum Fenster hinaus, weil man ihnen das Gefühl vermittelt, dass man all die angebotenen Dinge wirklich braucht. Doch eigentlich sollte ein Garten immer auch eine Möglichkeit sein, Geld zu *sparen*. Damit Sie sich nicht vollends im Dschungel der Gartenindustrie verirren, hier ein paar Faustregeln zur Minderung der Ausgaben im Überblick:

1. Halten Sie sich an lokale Produkte. Man muss nicht zehn Kilometer weit fahren, um Guano von den Tausende von Kilometern entfernten Bora-Bora-Inseln im Gartencenter X zu kaufen, wenn der Bauer von nebenan frischen Pferdemist für einen Bruchteil der Kosten anbietet.

2. Überlegen Sie genau, welche Aspekte Ihres Gartens Ihnen wie viel wert sind: Wenn Ihnen Pflanzen besonders am Herzen liegen, werden Sie Ihr Geld wahrscheinlich lieber für erstklassige Gewächse wie exotische Bäume oder Stauden ausgeben wollen als für das teure Anlegen von Gehwegen. Wollen Sie eher einen Erholungs- als einen Ziergarten, dann sind Ihnen vielleicht luxuriöse Gartenmöbel wichtiger als teure Pflanzen und so weiter.

3. Die Deutschen geben schätzungsweise 26 Millionen Euro pro Jahr in Gartencentern aus. Zum Teil ist dieser gewaltige Betrag sicherlich auch darauf zurückzuführen, dass man selten nur mit den Gegenständen wieder hinausgeht, die man eigentlich kaufen wollte. Impulskäufe können auf Dauer stark ins Geld

gehen. Deswegen ist es meistens sinnvoller, Einzelkäufe im Internet zu tätigen, wo Sie die benötigten Gegenstände einfach per Suchfunktion finden können, ohne vorher durch endlose Regalreihen voller Verlockungen spazieren zu müssen.

4. Investieren Sie nicht sofort in teure Pflanzenschutzmittel, nur weil sich ein paar Schädlinge in Ihren Garten verirrt haben. Oft sind es nur wenige, sodass man sie per Hand von den Pflanzen pflücken kann, und häufig kommt schneller als gedacht Unterstützung von Nützlingen. Falls all das nicht hilft, sollten Sie es zunächst mit selbst gebrauten Kräuterauszügen versuchen. Wie man Sie herstellt, erfahren Sie unter »Weil der Garten fast alles enthält, was ihn erhält«.

5. Gehen Sie achtsam mit Rohstoffen um. Man muss beispielsweise nicht alle Bodenverbesserungsmittel im Laden kaufen, sondern kann auch mit Kompost vieles erreichen.

6. Wenn Sie mit anderen Gärtnern befreundet sind, kann es sich lohnen, Material wie Steinmehl gemeinsam in großen Mengen zu bestellen.

7. Investieren Sie in Ihren ersten Gartenjahren nicht in teure Ausrüstung. Es dauert eine Weile, bis man weiß, was man wirklich braucht. In so manchem Geräteschuppen rosten seit Jahren ungenutzte Anschaffungen vor sich hin. Für den Anfang reicht es meist, sich die größeren Geräte bei Bedarf zu leihen.

8. Fallen Sie nicht herein auf bunte Samenpäckchen, die so gut wie leer sind, oder auf überteuerte Torftöpfchen, in denen fünf bis zehn Samen vor sich hin vegetieren. Samen, Stecklinge, Jungpflanzen und Ableger Ihrer Gartenlieblinge können Sie meist ganz leicht selbst sammeln und aufziehen. Vieles lässt sich auch über den Gartenzaun hinweg mit den Nachbarn tauschen. Selbst Bäume lassen sich mit etwas Geduld aus Samen ziehen.

Weil auch ein kleines Paradies schön ist

Nicht jeder, der sich einen Garten wünscht, hat auch tatsächlich die Möglichkeit, sich ein grünes Paradies zuzulegen. Vielleicht müssen Sie ja beispielsweise aus beruflichen Gründen in einer Großstadt leben und geben dort so viel Geld für die Wohnungsmiete aus, dass nichts mehr übrig bleibt für ein kleines Gärtchen? Oder Sie haben zwar das Geld, müssen aber an der Zeit knapsen? In beiden Fällen kann eine Wohnung mit Balkon Abhilfe schaffen. Denn auch ein Miniaturgarten von wenigen Quadratmetern Größe kann wunderschön sein und ist weder teuer noch zeitaufwendig.

Einen Großstadtbalkon in ein kleines Stück vom Paradies zu verwandeln kostet meist nicht mehr als ein paar Hundert Euro. Zunächst einmal verschwinden sollten natürlich die grauen Wände. Versehen Sie sie einfach mit Spalieren und lassen Sie Kletterpflanzen in tiefen Töpfen daran hinaufranken, die Ihrer Oase im Großstadtstress kühlen Schatten spenden. Allein schon der Höflichkeit halber sollten Sie bei der Auswahl der Pflanzenbehälter übrigens Sorgfalt walten lassen, damit Sie nicht die Nachbarn von unten mitgießen.

Dann noch Ihre liebsten Küchenkräuter und bunt blühende Blumen eintopfen, und schon können Sie mit der Möblierung loslegen. Die meisten Balkone sind leider zu klein für mehr als einen Stuhl. Deswegen bietet es sich an, im Inneren der Wohnung einen Esstisch für mehrere Personen direkt vor der Balkontür aufzustellen. So kann man an lauen Sommerabenden mit Freunden und Familie bei geöffneten Balkontüren immerhin im Halbfreien essen.

Mit das Schönste an einem solchen Minigarten sind aber die frühen Morgen- und Abendstunden, wenn man ganz allein vor sich hin schweigen, das Treiben in der Nachbarschaft beobachten und den Großstadtgeräuschen lauschen kann, die durch die Bepflanzung angenehm gedämpft werden. Die Müllabfuhr, Polizeisirenen, streitende Nachbarn, Straßenverkehr ... alles direkt vor Ihrer Nase, und doch sitzen Sie mitten im grünen Frieden. Wenn Sie ein Händchen für Blühpflanzen haben, wird sich ab und an vielleicht sogar ein Schmetterling oder eine Biene auf Ihren Balkon verirren und Ihnen ein wenig Gesellschaft leisten. Am besten, Sie pflanzen auch noch ein paar Duftpflanzen. Dann können Sie sich nach Feierabend nämlich von deren süßen Düften betören lassen anstatt von Abgasen.

Schon nach ein paar Wochen blühen Ihre Blumen in einer wahren Farbexplosion und schmeicheln Ihren Augen mit ihrer Formschönheit. Dann reiben Sie ein Blatt Ihres Basilikums zwischen den Fingern und schnuppern an der aufsteigenden Duftwolke. Haben Sie nicht einmal irgendwo gelesen, dass heilige Basilikumpflanzen in Indien vor dem Eingangsbereich gepflanzt wurden, um schlechte Einflüsse abzuwehren? In Anbetracht dieses süßen, berauschenden Dufts können Sie gut nachvollziehen, wie man auf diese Idee kam. Dann lehnen Sie sich in Ihrem Balkonstuhl zurück, blicken hoch in den blauen Himmel und spüren eine leichte Brise auf Ihrer Haut. Die Sonne wärmt Sie, und plötzlich wird Ihnen klar: Es muss nicht immer ein parkähnlicher Riesengarten voller teurer Pflanzen sein, der jeden Tag ein paar Stunden Aufmerksamkeit erfordert. Auch ein winzig kleines Stück vom Paradies kann unglaublich erfüllend sein. Und das kann sich fast jeder leisten.

8

DER GARTEN ALS GRÜNE APOTHEKE

Weil er uns 365 Tage im Jahr mit Entschlackungsmitteln versorgt

Wenn Ihr Garten aus dem Winterschlaf erwacht, sollten auch Sie das tun: Schluss mit der Feiertagsvöllerei und der winterlichen Trägheit! Von Tag zu Tag geht die Sonne früher auf, und nach dem dunklen Wintergrau sind der Anblick der ersten grünen Blätter, beispielsweise von Bärlauch oder Brennnessel, und die ersten Blüten von Veilchen, Schlüsselblümchen und Löwenzahn eine echte Wohltat für Herz und Sinne.

Und genau diese Kräuter und Blumen dienen auch als Basis für richtig gesunde, frühjahrsreinigende Entschlackungssuppen und -salate. Frische, zarte Blüten sind in grünen Salaten ein wahrer Augenschmaus, und köstliche Löwenzahnblätter verleihen zusätzliche Würze. Brennnessel und Bärlauch können sogar gekocht und eingefroren werden, damit Sie beim Kochen auch später im Jahr noch etwas Frühlingsaroma genießen können. Wer einen eher empfindlichen Magen hat, sollte sich übrigens auf Brennnesseln beschränken oder Bärlauch nur als sorgfältig dosiertes Gewürz verwenden und ihn niemals ungekocht genießen. Und noch ein Wort der Warnung in Sachen Bärlauch: Er kann sehr leicht mit dem giftigen Maiglöckchen verwechselt werden. Wenn Sie sich also unsicher sind, sollten Sie die Pflanzen lieber stehen lassen.

Wenn sich das erste Grün aus dem Boden traut, entstehen auch die ersten Gartenaufgaben. Die körperliche Betätigung wird Ihnen zusätzlich helfen, Ihren Körper wieder in Schwung zu bringen und den Entschlackungsprozess, der durch die Kräutersuppen angeregt wurde, zu verstärken.

Im Sommer können Sie Ihre Reinigungskur weiterführen, indem Sie regelmäßig einen Tee aus Entschlackungs- und Fastenkräutern wie Kleblaubkraut, Borretsch, Brennnessel und Brunnenkresse zubereiten, der nebenbei bemerkt nur einen Bruchteil dessen kostet, was Sie im Drogeriemarkt für ein vergleichbares Produkt ausgeben würden. Der Tee kann aus Blättern, zerkleinerten frischen Früchten, Blüten und weichen Stängeln hergestellt werden. Als Faustregel gilt: Ein Esslöffel frisches Kraut auf einen Viertelliter kochendes Wasser, Behälter abdecken, zehn bis 15 Minuten lang in der Teekanne ziehen lassen, abseihen – und fertig ist Ihre hauseigene Sommer-Gesundheitskur! Diese Methode wird übrigens als Aufguss bezeichnet und lässt sich auf den Großteil aller Heilkräuter anwenden. Achten Sie aber möglichst darauf, Ihren Tee aus Glas-, Keramik- oder Emaillegefäßen zu trinken. Metallgefäße, insbesondere Aluminium, können nämlich unerwünschte chemische Reaktionen auslösen. Den fertigen Tee können Sie bis zu zwölf Stunden lang in einer Thermoskanne warm halten. Nur wiederaufgewärmt werden sollte er nicht, denn auch das kann unerwünschte Nebenwirkungen verursachen.

Wenn Sie begeisterter Teetrinker sind, ist es übrigens ratsam, darauf zu achten, Kräutertees nur in begrenztem Maß zu trinken und regelmäßig die Sorte zu wechseln. Ansonsten können sich nämlich unerwartet medizinische Reaktionen auf das jeweilige Kraut einstellen. Genießen Sie also lieber je nach Stimmung unterschiedliche Tees, als literweise ein und dasselbe Kraut zu sich zu nehmen.

Vergessen Sie auch nicht, dass der Entschlackungsprozess nur dann funktioniert, wenn Sie Ihre eigenen Kräuter nicht mit Herbiziden, Insektiziden und chemischen Düngemitteln besprühen – dann nehmen Sie nämlich mehr Giftstoffe zu sich, als Sie durch die kräutereigenen Wirkstoffe abbauen.

Fortführen können Sie Ihre Entschlackungskur im Spätsommer und Herbst durch frisches Obst und Gemüse, das mit seinen vitamin- und mineralienreichen Blättern und Früchten deutlich gesünder ist als abgepacktes Tiefkühlgemüse aus dem Supermarkt. In dieser Zeit bietet sich eine basenhaltige, vornehmlich vegetarische Ernährung fast von selbst an. Viele moderne Zivilisationskrankheiten lassen sich auf eine Übersäuerung des Körpers zurückführen, die durch Stress und den Konsum von Kaffee, Wein, Zucker, Fleisch, Weißmehl und anderen Süchtigmachern verursacht wird. Basenhaltige Gemüsearten helfen, das Säure-Basis-Verhältnis in Ihrem Körper wieder ins Gleichgewicht zu bringen und Sie auf die Wintermonate vorzubereiten.

Im Winter gibt es im Garten eher weniger zu tun – außer natürlich, man ist so richtig von der Gartensucht befallen und hat sich ein Gewächshaus zugelegt, in dem man das ganze Jahr über ernten kann. Doch auch für gemäßigte Gartenfans gibt es im Winter immer noch die Möglichkeit, früher im Jahr getrocknete Gartenprodukte zu konsumieren. Sehr gut eignen sich hierfür eher kräftige Wurzeln wie Löwenzahn, Zichorien, Eibisch und Kletten. Sie schmecken am besten als Tee, für den Sie die holzigen Wurzeln und Stängel über Nacht in kaltem Wasser einweichen sollten, damit die aktiven Inhaltsstoffe extrahiert werden. Am Morgen wird die Flüssigkeit dann erhitzt, bis sie kurz vor dem Siedepunkt steht, und zieht anschließend zehn bis 15 Minuten lang durch.

Sie sehen: Ihr Garten weiß, was gut für Sie ist! Sie brauchen sich nur zu bedienen.

Weil er Sie vor Heuschnupfen rettet

Eine Menge Gärtner klagen über Heuschnupfen und Allergien, die von nervigem Niesen im Minutentakt bis hin zu einer richtigen Krankheit reichen können. So mancher Gartenfreund muss sein Hobby deswegen aufgeben oder sich zumindest mit einer Chirurgenmaske wappnen, damit er sich an die Arbeit machen kann.

Am schlimmsten ist es meistens im Frühjahr, wenn die Bäume blühen wie besessen. Aber auch der Sommer hat es in sich: Im Frühsommer blühen die Gräser, später treibt dann das Beifußblättrige Traubenkraut (*Ambrosia artemisiifolia*) Blüten, das besonders heftige allergische Reaktionen auslösen kann. In feuchten Jahren kommt auch noch Schimmel hinzu, in anderen verteilen die Bäume ihre Pollen auch im Frühjahr oder Herbst und die Allergien scheinen gar nicht mehr aufzuhören.

Aber wie in so vielen anderen Fällen versteckt sich die Lösung für das Problem auch hier direkt hinter Ihrem Gartentürchen. Denn im Kräuterbeet wachsen eine Menge Heilkräuter, die sich zu lindernden Tees verarbeiten lassen, beispielsweise der Salbei, der verstopfte Nasen öffnet, und alle Inhaltsstoffe, die Sie für ein hausgemachtes Allergiemittel brauchen.

Selbst gemachte homöopathische Allergieheilmittel sind billig herzustellen und ausgesprochen effektiv, weil sie genau die Allergene enthalten, die die Probleme verursachen. In Deutschland ist es zwar verboten, selbst gemachte Arzneimittel in den Verkehr zu bringen, aber solange Sie nur an sich selbst »experimentieren«, steht Ihnen nichts und niemand im Wege.

Die Zubereitung ist ausgesprochen einfach: Stellen Sie an einem Tag, an dem Sie ganz besonders schwer mit Ihren Symptomen zu kämpfen haben, eine Schüssel mit Leitungswasser in den Garten. Lassen Sie die nicht abgedeckte Schüssel je nach Wetter einfach für ein bis maximal drei Tage draußen stehen, damit die in der Luft umherschwirrenden Pollen sich im Wasser absetzen können. Filtern Sie danach alle Verunreinigungen ab und füllen Sie die Flüssigkeit in eine dunkle Flasche ab. Diese »Brühe« bezeichnet man als Original- oder Muttertinktur. Wenn Sie mindestens ein Fünftel bis ein Drittel hochprozentigen Alkohol (Wodka, Korn oder klaren Schnaps) hinzugeben, lässt sie sich auch langfristig lagern. Die Tinktur wird dann nach homöopathischen Richtlinien (anfangs am besten unter Beaufsichtigung eines Fachmanns) verdünnt.

Der Herstellungsprozess kommerzieller homöopathischer Produkte unterliegt strengen Regeln und ist ziemlich kompliziert – aber für den reinen Hausgebrauch können Sie es mit einer vereinfachten Methode probieren: Geben Sie zehn Tropfen Muttertinktur in eine saubere Flasche von ca. 30 ml Fassungsvermögen. Füllen Sie die Flasche dann mit Wasser auf, verschließen Sie sie sorgfältig und schlagen Sie sie zehn Mal gegen Ihre Handfläche. Entnehmen Sie nun zehn Tropfen der verdünnten Lösung und geben Sie sie in eine neue Flasche, mit der Sie den gesamten Prozess wiederholen. Insgesamt wird der Vorgang vier- bis sechsmal wiederholt – das Ergebnis ist dann eine 4C- bzw. 6C-Lösung. Wenn Sie nicht vorhaben, Ihr homöopathisches Mittel gleich zu verwenden, können Sie es genauso wie die Muttertinktur durch eine Zugabe von etwa 20-30% Alkoholanteil konservieren.

Aber nun zum zweitwichtigsten Thema: der Einnahme! Beginnen Sie mit ein bis zwei Tropfen täglich, die ein- bis dreimal täglich unter die Zunge gegeben werden. Wenn keine unerwünschten Nebenwirkungen auftreten, können Sie die Dosis auf dreimal täglich fünf Tropfen erhöhen. Lassen Sie die Tropfen mindestens 30 Sekunden lang unter Ihrer Zunge, ehe Sie sie schlucken, da das Mittel auf diese Weise direkt in den Blutkreislauf gelangt. Vor und nach der Einnahme sollten Sie außerdem jeweils 30 Minuten lang möglichst kein Koffein zu sich nehmen.

Die regelmäßige und sachgemäße Einnahme dieses Mittels hat eine Desensibilisierung zur Folge, durch die die Reaktion auf die Allergene nach und nach sanfter ausfällt ... und das ganz ohne teure Spritzen und Medikamente mit üblen Nebenwirkungen! Allerdings dauern solche Prozesse ihre Zeit – die besten Ergebnisse erzielen Sie, wenn Sie die Tropfen über mehrere Monate hinweg einnehmen.

Weil es so viele gute Gründe gibt,
Kirschen zu essen

Kirschen sind kleine rote Herztherapeuten – das weiß auch die traditionelle chinesische Medizin (TCM), die sie zu den Herzstärkungsmitteln zählt. Wie bei so vielen Heilmitteln in der TCM hängt diese Zuschreibung stark mit den sinnlichen Eigenschaften der Kirsche zusammen: Mit ihrem blutroten Fruchtfleisch und der teilweise leicht bitteren Geschmacksrichtung findet sie einen passgerechten Platz in der Fünf-Elemente-Lehre. Dort gilt Rot als die Farbe des Feuerelements, dem wiederum das Aroma »bitter« zugeordnet wird. Dazu kommt dann auch noch die leicht herzförmige Form der Früchte, die optisch das Organ widerspiegelt, das die Kirsche zu stärken vermag.

Doch auch für all die Kirschenfans, die alternative Heilungsmethoden eher befremdlich finden, hat das rote Obst eine Therapieform auf Lager: das gute, alte Kirschkernkissen.

Sammeln Sie einfach den Sommer über ganz nebenbei die Kirschkerne zusammen, die beim Essen übrig geblieben sind, kochen Sie sie kurz aus, damit eventuelle Fruchtfleischreste abgelöst werden, und trocknen Sie sie in der Sonne. Nähen Sie dann ein etwa taschenbuchgroßes Stück Leinen, Nesselstoff oder robuste Baumwolle zu einem Säckchen zurecht und lassen Sie eine kleine Öffnung für die Kirschkerne. Beim Einfüllen sollten Sie darauf achten, das Kissen nicht zu prall zu füllen. Schließlich soll es nachgiebig genug sein, um sich an Gelenke wie Knie oder Ellenbogen schmiegen zu können. Wenn Sie mit dem Ergebnis zufrieden sind, können Sie die Öffnung zunähen, und schon ist das Kirschkernsäckchen fertig!

Die kleinen Haushaltshelfer sind nicht nur unglaublich gemütlich, sondern geben auch hervorragende Wärmekissen ab, weil sie die Temperatur bis zu eine Stunde lang speichern und den Körper gleichmäßig und dauerhaft wärmen. Am besten lassen sich Kirschkernsäckchen über Dampf oder auf der Heizung aufwärmen, oder man gibt sie einfach so wie Gelpackungen in die Mikrowelle. Achten Sie darauf, dass die Kerne zwar warm sind, sich der Stoff aber noch nicht verfärbt – wird er bräunlich, ist das Kissen zu heiß geworden und sollte nicht auf die Haut gelegt werden.

Mit dem warmen Kissen können Sie verletzte oder steif gewordene Körperregionen bei Muskelkater, Schulterverspannungen, arthritischen Gelenken, Bauchschmerzen oder Verkühlungen wärmen. Wer feuchte Hitze bevorzugt, kann ein nasses Tuch unter das Säckchen geben. Dann muss man allerdings damit leben, dass die Kissenhülle früher oder später etwas ramponiert aussieht. Macht aber nix: Die Kerne werden nicht schlecht, weswegen Sie sie einfach in eine neue Hülle umfüllen können. Auch wenn es eine Weile dauert, bis Sie genug Kerne für so ein Kissen zusammengetragen haben: Es gibt doch wirklich Schlimmeres, als einen Haufen Kirschen essen zu müssen! Und wenn es erst einmal so weit ist, wird Ihr Kirschkernkissen Sie Ihr Leben lang begleiten und mitten im Winter wohlige Sommerwärme an Ihre Knochen abstrahlen.

Weil Salbei der »Retter in Grün« ist

In der Antike fragte man: *Cur moriatur homo, cui salvia crescit in hortis?* Auf Deutsch bedeutet das in etwa: «Warum sollte der Mensch überhaupt sterben, wo doch Salbei im Garten wächst?"

Ein wenig übertrieben ist das natürlich schon, aber die ausgeprägte Heilkraft von Salbei ist trotzdem nicht von der Hand zu weisen. In einem Heilkräutergarten darf *Salvia officinalis*, so die botanische Bezeichnung, also nicht fehlen. Er ist sehr einfach anzubauen und gedeiht auch im Blumentopf oder auf dem Balkon hervorragend. Einzig bei strengem bzw. Barfrost ist Vorsicht geboten – ältere Exemplare oder Pflanzen, die zu stark abgeerntet wurden, können durch die Kälte Schaden nehmen.

Die Wirkungen sind so vielfältig wie nützlich: Beispielsweise lässt sich mit keinem anderen Kraut der Temperaturhaushalt im Körper so gezielt regulieren wie mit Salbei. Vor allem, wenn Sie zu übermäßigem Schwitzen neigen, kann ein regelmäßig eingenommener Salbeitee wahre Wunder bewirken. Auch Frauen mit Wechseljahrsbeschwerden kann Salbei aufgrund seiner temperaturausgleichenden Wirkung große Linderung bescheren.

Bei Zahnschmerzen können Sie sich vor dem Zahnarztbesuch selbst helfen, indem Sie ein zusammengerolltes Salbeiblatt neben den schmerzenden Zahn schieben. Falls Sie zu Zahnfleischinfektionen neigen, können Sie auch vorbeugend arbeiten, indem Sie regelmäßig ein paar Salbeiblätter kauen.

Ein weiteres beliebtes Einsatzgebiet für das Kraut sind Erkältungen. Vor allem bei Halsweh wirkt der Tee lindernd und schleimlösend. Bei Nasennebenhöhlenbeschwerden kann eine Dampfbehandlung mit dem Alleskönner helfen. Bei Erkältungen und Grippe kann sogar der gesamte Körper mit Salbeidampf behandelt werden. Für ein nebenhöhlenreinigendes Dampfbad geben Sie einfach eine kleine Handvoll Salbeiblätter auf einen Liter Wasser. Bringen Sie die Mischung zum Kochen und lassen Sie sie abgedeckt 15 Minuten lang ziehen. Danach ziehen sie sich einfach eine Decke oder ein großes Handtuch über Kopf und Oberkörper (sonst entweicht der ganze schöne Heildampf ja gleich), beugen sich über den Behälter, nehmen den Deckel ab und kontrollieren, ob der Dampf nicht zu heiß ist. Inhalieren Sie den Dampf so lange, bis die Flüssigkeit abgekühlt ist. Meist dauert das etwa 15 bis 20 Minuten. Danach sollten Sie darauf achten, Ihren Körper überall dort, wo er mit dem Dampf in Berührung gekommen ist, mit einem trockenen Waschlappen sorgfältig abzutrocknen. Wenn Sie inhaliert haben, sollten Sie sich ein bis zwei Stunden lang ausruhen, am besten in einem vorgewärmten Bett. So steigern Sie die medizinische Wirkung des Dampfbads spürbar. Falls notwendig, können Sie jeden Tag ein Salbei-Dampfbad nehmen, bis Ihre Beschwerden abgeklungen sind.

Wenn Sie übrigens lieber von vornherein verhindern möchten, dass es so weit kommt, können Sie sich mithilfe Ihrer Gartenkräuter auch vorbeugend gegen winterliche Grippen und Erkältungen schützen: Geben Sie Ihren Speisen einfach regelmäßig Salbei, Thymian und Knoblauch bei, und schon verschlechtern sich die Chancen von Viren, Bakterien & Co. merklich.

Weil Eibisch gegen (fast) alles hilft

Der mehrjährige Eibisch ist nicht nur leicht anzubauen und mit seinen rosafarbenen Blüten hübsch anzusehen: Auch aus der modernen Kräuterheilkunde ist er kaum mehr wegzudenken. Denn er weist erweichende, lösende, lindernde und schleimhautschützende Eigenschaften auf, die gerade in den Erkältungsmonaten eine Menge Linderung verschaffen können.

Eibisch gedeiht besonders gut in etwas feuchteren Gegenden und benötigt einen durchlässigen Boden und etwas Platz, damit sich die fleischigen Wurzeln gut entfalten können. Der Anbau gelingt am besten mit vorgezogenen Pflanzen, obwohl es auch möglich ist, die Samen an Ort und Stelle auszustreuen. Mit dem Keimen lassen sie sich allerdings Zeit. Die Wurzeln der Pflanzen werden frühestens ab dem zweiten Jahr geerntet, wobei es sich allerdings empfiehlt, größere Pflanzen zu teilen, Wurzelteile mit einem Auge wieder einzupflanzen und nur die größeren Teile medizinisch zu verwerten.

Es gibt keinen Bestandteil des Eibischs, der sich nicht in irgendeiner Form medizinisch verwenden ließe:

Aus Eibischblättern kann beispielsweise ein Tee zubereitet werden, der, als Gurgelwasser verwendet, wahre Wunder wirkt, wenn die Mundhöhle durch Fieber ausgetrocknet ist oder Ihnen Halsschmerzen das Leben schwer machen.

Die erweichende Wirkung auf Haut und Schleimhäute der Eibisch*wurzeln* ist sogar noch stärker als die der Blätter. Ein starker Eibischwurzeltee hat eine zugegebenermaßen nicht eben appetitliche aussehende schleimige Konsistenz. Eigentlich sieht er ziemlich genauso aus wie das Zeug, das er aus unseren Körpern rausspülen soll. Gleichzeitig ist er so mild, dass er auf dem Weg durch das Verdauungssystem nicht die Schleimhäute reizt oder gar entzündet. Ganz im Gegenteil kann er auf diese sogar unterstützend einwirken. Deswegen gibt es bei Halsschmerzen, Erkältungen, Husten, Reizungen des Verdauungstraktes, des Harnapparates und der Atemwege, bei Darminfektionen, Magenverstimmungen, Durchfall und als Zusatzbehandlungen bei vaginalem Ausfluss kaum etwas Besseres als eine Kur mit Eibischwurzeltee. Auch Patienten mit Nierensteinen, Nierengrieß oder Blasenentzündungen kann er einige Linderung verschaffen. Vier Wochen vor der Geburt reinigt er Geburtswege und Schleimhäute und macht den Genitalbereich geschmeidiger, weswegen ihn naturheilkundlich orientierte Hebammen häufig zur regelmäßigen Einnahme verschreiben.

Der Tee lässt sich am besten durch einen kalten Aufguss herstellen. Einfach zehn bis 20 g Wurzeln in einem Topf mit einem halben Liter kaltem Wasser aufgießen, abdecken und über Nacht ziehen lassen. Am nächsten Morgen wird der Aufguss dann auf kleiner Flamme ganz vorsichtig erwärmt, bis er richtig schön dickflüssig wird. Kocht der Tee zu lange, wird er beim Abkühlen gummiartig und zäh. Seihen Sie den heißen Tee ab, gießen Sie ihn in eine Thermoskanne und trinken Sie alle paar Stunden eine kleine Menge. Wie die meisten Kräutertees sollten Sie ihn aber nicht länger als einen Tag aufbewahren.

Aber auch für äußerliche Beschwerden sollte Eibisch in keiner Hausapotheke fehlen: Umschläge aus geriebenen frischen Wurzeln, die mit Honig oder Brot angedickt werden, können Giftstoffe aus Verletzungen ziehen oder bei Blasenentzündungen auf der Blasengegend angewendet werden, um die Schmerzen zu lindern.

Sie können kaum glauben, was man mit Eibisch so alles kurieren kann? Er ist eben eines der vielseitigsten Talente aus Ihrer Grünen Apotheke!

Weil er ein lebendiger
Erste-Hilfe-Kasten ist

Die schlechte Nachricht lautet: Kleinere Malheure und Unfälle sind im Garten leider an der Tagesordnung. Kaum ein Gartentag, an dem wir uns nicht an einem Grashalm schneiden, von Insekten gestochen werden, uns an Nesseln verbrennen oder über eine heimtückische Wurzel stolpern.

Zum Glück gibt es aber auch eine gute Nachricht: Das Meiste, was Sie brauchen, um sich selbst zu verarzten, wächst auf Ihren Beeten! Am besten, Sie haben im Gartenschuppen einen kleinen Erste-Hilfe-Kasten mit ein paar einfachen Hilfsmitteln aus Heilkräutern parat.

Wenn Sie sich beispielsweise geschnitten oder eine Schürfwunde zugezogen haben, reicht es oft schon, die verletzte Körperregion mit einem Beinwell- oder Ringelblumenblatt einzureiben. Sie können die Blätter auch zu Brei verarbeiten und als Umschlag verwenden. Eine Flasche mit Arnikatinktur oder ein Döschen Calendulasalbe bringt ebenfalls Linderung.

Bei Insektenstichen sollte zunächst der Stachel entfernt werden. Danach legt man eine halbe Zwiebel mit der Schnittstelle nach unten auf die gerötete Stelle, um den Schmerz zu lindern. Wenn man die weichen Blätter von Eibisch, Zitronenmelisse oder Malve auf Bienen- oder Wespenstichen verreibt, verringert das Schwellung und Juckreiz. Und falls Sie richtig Pech hatten und von größeren Insekten wie Hornissen angefallen wurden, können essigsaure Tonerde oder angefeuchtete Heilerde auf die Wunde wahre Wunder vollbringen. Gehen Sie aber nicht zu leichtfertig mit Ihrem Körper um: Wenn allergische Reaktionen auftreten, haben Naturheilmittel nichts mehr zu melden. In solchen Fällen kann nur ein Arzt helfen.

Bei Schürfwunden, Prellungen und verrenkten Knöcheln ist Arnikatinktur der gute Engel Nummer eins. Wenn Sie sie umgehend auf die betroffene Körperregion auftragen, fällt die Schwellung in der Regel eher klein aus. Haben Sie gerade keine Arnikatinktur zur Hand, kann ein Umschlag aus kühlenden Kräutern wie Malven- und Beinwellblättern direkt auf der schmerzenden Stelle Linderung verschaffen.

Sie haben sich an Nesseln verbrannt? Hier hilft das Motto des alten Volksreims »Ampfer einreiben und Nessel austreiben«. Die brennenden Schmerzen können zwar auch gelindert werden, indem Sie irgendein saftiges grünes Blatt auf den Pusteln verreiben, aber so effizient wie die Blätter des Großen Ampfers hilft sonst nichts.

Spüren Sie Halsschmerzen nahen, bietet Ihr Garten ebenfalls Hilfe: Schneiden Sie eine Zwiebel (sie sollte Raumtemperatur haben) in ziemlich dicke Scheiben, legen Sie die Scheiben direkt auf die Haut und wickeln Sie sich ein Handtuch um den Hals. In den folgenden 20 Minuten werden die Zwiebelstücke die von Ihrer Kehle aufsteigende Wärme absorbieren. Trocknen Sie Ihren Hals danach sorgfältig ab (das hilft auch gegen den Zwiebelgeruch – na ja, wenigstens ein kleines bisschen). Achten Sie dabei aber darauf, dass Ihr Hals nicht gleich wieder auskühlt. Die Zwiebeln müssen sofort entsorgt werden, da sie sich mit Giftstoffen vollgesogen haben. Ihre bessere Hälfte wird aufgrund der etwas aufdringlichen Gerüche zwar nicht unbedingt glücklich über diese Heilmethode sein – aber sie hilft nun mal ganz besonders effizient.

Ähnlich obskur, aber hilfreich ist die Apfelmethode, die bei aufkommenden Ohreninfektionen lindernde Wirkung zeigt: Machen Sie sich auf die Suche nach einem verfaulten Apfel, der zwar schwarz, aber nicht weich geworden ist. In einer großen Kiste mit eingelagerten Äpfeln findet man meistens ein bis zwei solche Exemplare. Schneiden Sie ihn in zwei Hälften und legen Sie sich die Apfelschnitten hinter die Ohren. So eklig das auch wirken mag: Diese Methode hat schon so manchen Naturheilkundler vor dem Notarzt bewahrt – so wie Ihr ganzer Garten Ihnen den einen oder anderen Arztbesuch ersparen kann!

Weil Beinwell auch Wundallheil heißt

Wie man aus seinem Namen unschwer ableiten kann, ist Beinwell eine der wichtigsten Heilpflanzen Europas – und der Literatur. Ich habe nämlich den Verdacht, dass es sich bei den mysteriösen Kräutern, mit denen Aragorn in *Der Herr der Ringe* Frodos lebensbedrohliche Verletzungen vom Kampf mit den Nazgûl behandelt, um Beinwell handeln muss. Auch wenn kein Name genannt wird, beschreibt Tolkien das Kraut im Text nämlich ziemlich genau, und kein anderes Kraut hat so sagenhafte Wundheilungskräfte wie der Beinwell.

In der Fachwelt sorgt das Kraut von jeher für Kontroversen und Superlative: Der mittelalterliche Mediziner Otto Brunfels beispielsweise behauptete, mit Beinwell könne er selbst das Fleisch im Kochtopf noch heilen, und der schweizerische Kräuterkundler Theodor Zwinger behauptete: *Wenn man dies Kraut samt der Wurtzel wol in dem Wasser zu einem Bad siedet, und die jungen Wittweiber darinnen bisweilen baden macht, so werden si wider gleich als die Jungfrauen.* Oha, ein echtes Wunderkraut also, dieser Beinwell …

Auf die jungfernhäutchenregenerierende Wirkung wird heute wohl kaum ein Heilkundler mehr pochen – dass Beinwellblätter und -wurzeln heilende und beruhigende Wirkung haben, gehört aber zum Kräuter-Einmaleins. Das Kraut lässt sich in vielfältiger Weise nutzen, wird allerdings meist nur äußerlich angewendet. Bei der Anwendung muss man mit den frischen Blättern (besonders die zarten, jungen Blätter haben es in sich) vorliebnehmen, weil es so gut wie unmöglich ist, sie zu trocknen. Für den Winter bieten sich die Wurzeln an, die sich gut lagern lassen.

Beinwell braucht ein eher feuchtes Eckchen, um sich gut entfalten zu können. Die Pflanzen lassen sich mühelos vermehren, man könnte fast sagen: zu mühelos, weil sie sich ziemlich stark verbreiten. Nur ein kleines Wurzelstück reicht, um eine neue Pflanze hervorzubringen. Wenn die Pflanzen sich in einem wenig genutzten Winkel des Gartens erst einmal etabliert haben, bedürfen sie keiner weiteren Pflege. Die Blätter werden regelmäßig für Mulchmaterial und Flüssigdünger abgeerntet. Dann bilden die Pflanzen keine Samen und breiten sich nicht so stark aus.

Beinwellsalben und -umschläge unterstützen nicht nur den Heilungsprozess nach Knochenbrüchen und bei Operationswunden, sondern helfen auch gegen Geschwüre, Blutergüsse, Gicht, Rheuma, Arthrose, geschwollene Gliedmaßen, verhärtete Milchknoten und Krampfadern sowie Verbrennungen. Denn das Kraut lindert nicht nur Schmerzen, sondern erweicht auch das Gewebe. Um die Bildung von hartem Narbengewebe zu verringern, sind Umschläge aus Wurzelpulver, die als heilende Wundkompressen dienen, besonders geeignet.

Um einen Beinwellumschlag zuzubereiten, brauchen Sie einen starken Absud aus kleingeschnittenen frischen Wurzeln. Diese werden in der doppelten Menge Wasser zu einer dickflüssigen Masse eingekocht und auf Körpertemperatur abgekühlt. Danach seiht man den Brei ab, damit die Wurzelrückstände zurückbleiben. Streichen Sie die Masse dann auf Gaze oder ein sauberes Tuch und wickeln Sie dieses um die betroffene Körperregion – und fertig ist ein natürliches, aber deswegen nicht minder wirksames Heilmittel. Wer sich etwas Arbeit sparen will, kann auch mit Beinwellwurzelpulver arbeiten. Verrühren Sie das Pulver einfach mit heißem Wasser zu einer Paste und geben Sie diese auf den Umschlag.

In beiden Fällen ist es wichtig, dass der Patient während der Behandlung ruhig liegt. Die jeweilige Körperregion sollte zudem mit Tüchern umwickelt werden, damit sie warm bleibt. Abgenommen werden Umschlag und Tücher erst, wenn die Masse so trocken geworden ist, dass sie zu krümeln beginnt. Frottieren

Sie die Haut anschließend, damit Feuchtigkeit und Beinwell-rückstände entfernt werden, und umwickeln Sie sie anschließend wieder mit angewärmten Tüchern, um die Nachwirkung des Heilmittels zu unterstützen.

Und wenn es einmal ganz schnell gehen soll und Sie frische Beinwellblätter zur Hand haben, können Sie diese einfach mit dem Nudelwalker bearbeiten, damit sie leicht feucht werden, und sie dann auf die betroffene Körperregion legen. Diese Behandlung hilft am besten bei Knochenbrüchen, Verstauchungen und gutartigen Gewächsen oder Knötchen, aber auch bei offenen Wunden und leichten Prellungen.

Wer einen Heilkräutergarten hat, braucht sich um solche Wehwehchen also keine Sorgen mehr zu machen: Der Beinwell wird's schon richten!

Weil Zitronenmelisse Stresskiller Nummer eins ist

Der Hund hat auf den wollweißen Teppich gekotzt, den Sie gerade gestern erst gekauft haben? Die ungezogene Waschmaschine hat den jeweils zweiten Socken Ihrer gesamten Strumpf-Kollektion gefressen? Der Schuldirektor ihrer pubertierenden Tochter ruft an, weil es »ein kleines Problem« gibt? Mehrere Haushaltsgeräte haben sich zum Massenselbstmord entschieden? Ihr neuer Chef ist 22, hat die Weisheit mit Löffeln gefressen und treibt Sie mit seinen Modernisierungsmaßnahmen an den Rand des Wahnsinns?

An manchen Tagen lauert hinter jeder Straßenecke ein neuer Stressfaktor – aber zum Glück können Sie in Ihrem Garten ja beeteweise Zitronenmelisse anbauen.

Zitronenmelisse zählt zu den wenigen Kräutern, die gleichzeitig einen stärkenden Einfluss auf das Herz ausüben und die Nerven beruhigen. Schüler mit Prüfungsängsten, ältere Personen und Patienten mit nervösen Beschwerden können das Kraut auch langfristig einnehmen, ohne mit schädlichen Nebenwirkungen rechnen zu müssen. Und dann schmeckt die Zitronenmelisse auch noch so richtig gut und lässt sich vollkommen problemlos anbauen! Im Sommer muss man sich kaum um sie kümmern. Im Winter friert sie zwar gelegentlich zurück und muss eventuell im Frühjahr ersetzt werden, dafür verschleppen Ameisen die Samen aber mit Vorliebe, weswegen man im nächsten Jahr manchmal an den seltsamsten Stellen, beispielsweise in Mauerritzen, neue Pflanzen findet.

Als Tee stärkt die Zitronenmelisse das Herz und beugt Herzinfarkten vor. In der Homöopathie wird sie bei allgemeinen Erschöpfungszuständen, Hysterie, Schlafstörungen, nervösen

Herzproblemen, Migräne und Blähungen verschrieben. Wer überarbeitet oder ungewöhnlich hohem Stress ausgesetzt ist, was heutzutage bei vielen Menschen ja ein regelrechter Dauerzustand ist, kann durch die regelmäßige Einnahme von Zitronenmelisse langfristigen Auswirkungen der Überlastung vorbeugen. Sollten Sie an Schlaflosigkeit leiden, schenkt Ihnen ein Schlaftrunk aus Zitronenmelisse, der regelmäßig zwei Stunden vor dem Zubettgehen eingenommen wird, die nötige innere Ruhe, um leichter ins Land der Träume hinüberzugleiten.

Da das Kraut auch Herz und Nerven stärkt, kann es, gern auch in Kombination mit Lavendel, als Erholungsmittel nach Herzinfarkten, bei halbseitiger Lähmung, Durchblutungsstörungen, Ohnmachtsanfällen, Blutarmut, Krämpfen und nervösen Verdauungsbeschwerden eingesetzt werden. Außerdem lindert Zitronenmelisse die Symptome von Nikotin- und Koffeinvergiftungen und Seekrankheit. In der Schwangerschaft hilft Zitronenmelissentee gegen morgendliche Übelkeit, und wer zu Menstruationsbeschwerden neigt, kann die schlimmsten Krämpfe damit bekämpfen. Vielreisende, die mit dem ständigen Jetlag kämpfen, sollten sich die Schläfen mit Melissenwasser einreiben, und darüber hinaus wird das Kraut in der Behandlung von Virus- und Autoimmunkrankheiten und gegen Gürtelrose eingesetzt.

Der wohlschmeckende Tee wird am besten aus den frischen Blättern der grünen Pflanze hergestellt. Wie genau er zubereitet wird, können Sie unter »Weil er uns 365 Tage im Jahr mit Entschlackungsmitteln versorgt« nachlesen.

Warten Sie's ab: Ein paar Tassen Zitronenmelissentee pro Tag, und Sie werden die Ruhe selbst sein!

Weil Johanniskrautöl der
»Retter in Rot« ist

Johanniskraut wächst meist wild auf Feldwegen und verbreitet sich dann von dort aus in Privatgärten. Doch was zunächst wie Unkraut wirkt, ist eigentlich eines der zentralen Heilkräuter Mitteleuropas. Entsprechend sollten Sie Johanniskrautpflanzen nicht ausreißen, sondern lieber stehen lassen. Wenn Sie sich für Heilkräuter interessieren, aber nicht das Glück haben, dass sich von selbst eine der Pflanzen zu Ihnen gesellt, können Sie das Kraut auch einfach bewusst in eine Gartenecke setzen, wo es sich dann fröhlich vermehrt. Es ist ziemlich anspruchslos, was die Standortbedingungen angeht – etwas Sonne ist allerdings zu empfehlen. Aus Johanniskraut lässt sich ein leuchtend rotes Erste-Hilfe-Öl herstellen, das vor allem bei kleineren Brandwunden ein wahrer Segen ist, weswegen es nie verkehrt sein kann, ein Fläschchen in der Küche aufzubewahren.

Zur Herstellung des Öls werden nur die frischen Blüten ohne Stängel verwendet, die kurz vor der vollen Blüte gesammelt werden. Nehmen Sie eine großzügige Handvoll der abgezupften Blüten, geben Sie diese in einen sauberen Glasbehälter und bedecken Sie sie mit kalt gepresstem, extranativem Olivenöl. Der fest verschlossene Behälter wird dann sieben bis zehn Tage lang in die Sonne gestellt und hin und wieder gründlich geschüttelt. Gießen Sie die Flüssigkeit danach durch Filterpapier, drücken Sie das übrige Öl heraus und wiederholen Sie die Prozedur, falls sich das Öl noch nicht richtig blutrot eingefärbt hat. Ihr selbst gebrautes Heilmittel ist fertig, sobald es eine durchscheinende, aber intensive Färbung angenommen hat und stark nach Johanniskraut duftet. Füllen Sie das Öl in eine dunkle Glasflasche und verschließen Sie diese sorgsam. Gelagert wird das Johanniskrautöl am besten an einem dunklen und kühlen Ort. Leider wird es aber schnell ranzig und sollte dann tunlichst auf den Kompost wandern.

Kleinere Schnitte und Verbrennungen heilen leichter und hinterlassen keine Narben, wenn sie umgehend mit dem Öl behandelt werden. Doch Ihr Selfmade-Heilmittel kann noch mehr als das: Es hilft gegen trockene Haut, entspannt die Muskeln und stärkt Sehnen, Bänder und Nerven. Deswegen findet es sich zusammen mit anderen Ölen und Kräuteressenzen häufig in heilkräftigen Massageölen. Auch wer spröde Fingernägel hat, kann diese durch Johanniskrautölmassagen stärken. Außerdem wirkt das Öl lindernd bei Sonnenbrand, da es die Wundheilung beschleunigt und Juckreiz mildert. Als Körperöl hilft es zudem gegen trockene Haut, besonders nach ausgiebigen Bädern, in die auch direkt einige Tropfen des leuchtend roten Öls hineingegeben werden können. Zwar wird die Badewanne auf diese Weise etwas glitschig, dafür ist sie anschließend aber auch leichter zu reinigen. Johanniskrautöl hinterlässt allerdings Flecken auf der Kleidung und sollte deswegen immer sehr gründlich in die Haut einmassiert werden.

Eine kleine Warnung sollte aber auch bezüglich dieses Heilmittels ausgesprochen werden: Manche Personen reagieren sehr stark auf Johanniskraut, was in verstärkter Lichtempfindlichkeit ausarten kann. Sie sollten das Kraut deswegen testen, bevor Sie es in größeren Mengen verwenden, und nach der Anwendung nicht gleich in die Sonne gehen.

Weil Kamille schön macht

Echte Kamille wuchs früher in Unmengen wild in Getreide-, Rüben-, Kartoffel- und Kleefeldern. Mittlerweile ist dieses wirksame Heilkraut bedauerlicherweise aber durch den vermehrten Einsatz von Herbiziden größtenteils ausgerottet worden.

Am wohlsten fühlt sich Kamille in einem trockenen, warmen Weinanbauklima und in sandigem Boden. Doch auch in den meisten Gartenböden lässt sie sich ziehen, solange die Erde nur nicht zu säurehaltig oder alkalisch ist. Ausgesät wird das Kraut zwischen April und August. Es blüht dann etwa zwei Monate später und erscheint im folgenden Jahr erneut, wenn es von sich aus ausgesät hat. Aber Vorsicht: Bei günstigem Klima kann die Kamille zu einem regelrechten Unkraut werden und alles überwuchern – allzu sorglos sollten Sie ihr also nicht dabei zusehen, wie sie sich selbst vermehrt.

Kamille hat zwar eine ganze Reihe von medizinischen Wirkungen, dient aber sehr häufig auch kosmetischen Zwecken. Azulen, ihr wichtigster Inhaltsstoff, hat leicht reinigende, desodorierende, desinfizierende, erweichende, schmerzstillende und porenverfeinernde Wirkung auf die Haut und ruft nur sehr selten allergische Reaktionen hervor. Tatsächlich ist die Kamille so mild, dass sie wegen ihrer lindernden Wirkung sogar in Babyöle gemengt wird.

Entsprechend kann sie ziemlich sorglos auch auf sehr empfindlicher oder gealterter Haut angewendet werden. Die unkomplizierteste Form der Selbstanwendung ist einfacher Kamillentee. Dieser kann direkt in die Gesichtshaut einmassiert und dann abgetupft werden. Kamillen-Dampfbäder sind ein uraltes Hausmittel gegen Mitesser und, nebenbei bemerkt, tausendmal gesünder als die aggressiven konventionellen Pickelmittelchen, die man aus der Werbung kennt. Wer rissige, stark angegriffene Haut hat, sollte es mit in Milch gekochter Kamille probieren. Ein weiterer Klassiker unter den Haus-Schönheitsmitteln ist die Kamillen-Gesichtsmaske, für die ein aufgeschlagenes Eiweiß mit Kamillentee verdünnt wird. Sie hilft nach durchzechten Nächten gegen Schwellungen und dunkle Ringe unter den Augen. Wenn es schnell gehen soll, können Sie sich einfach Kamillenteebeutel auf die Augen legen, was übrigens auch Linderung bei entzündeten Lidern verschafft.

Auch die Haare freuen sich über eine Behandlung mit den Wirkstoffen der Kamille. Gut abgeseihte Aufgüsse aus Kamillenblüten können als Haarspülung verwendet oder in milde Shampoos gegeben werden und zaubern leicht goldene Reflexe in blondes Haar.

Aber Kamille ist nicht nur aus der Kosmetik kaum mehr wegzudenken: Auch in medizinischer Hinsicht spielt das Kraut eine wichtige Rolle und findet bei vielen Beschwerden Anwendung. Je nach Art der Beschwerden können am ganzen Körper gefahrlos Kamillenbäder, -kompressen, -intimspülungen, -einläufe, -wickel und -wärmekissen eingesetzt werden. Die Wirkstoffe reinigen, heilen, desinfizieren und beruhigen Haut und Schleimhaut und wirken ganz nebenbei auch noch gegen Pilzerkrankungen.

Kamillendampfbäder lindern Erkältungen, Grippe, Kopfschmerzen, Nebenhöhlenbeschwerden und Zahnschmerzen, und Kamillenöl kann direkt auf die betroffenen Körperregionen aufgetragen werden, um Koliken, Rheuma, Arthrose und Gicht zu lindern.

Besonders wohltuend und hilfreich bei den verschiedensten Beschwerden ist das folgende Kräuterbadrezept, zu dessen Wirkung die Kamille einen entscheidenden Beitrag leistet. In einem halbwegs gut ausgestatteten Kräutergarten dürften Sie eigentlich alle notwendigen Zutaten finden.

Desodorierendes Kamille-Bad

Aus je einem Teil Salbei, Rosmarin und Thymian und drei Teilen Kamillenblüten lässt sich ein desodorierendes und desinfizierendes Bad zusammenmixen. Kochen Sie einfach zehn Handvoll Kräuter in einem großen Topf voll Wasser auf und lassen Sie den Aufguss dann zehn bis 15 Minuten lang ziehen. Dann wird er in die Badewanne abgeseiht, damit Sie nicht mitten in den Kräutern liegen müssen. Es ist übrigens ratsam, ein wenig Öl nachzugießen, damit Sie die Wanne später leichter putzen können, denn Salbei kann garstige Flecken hinterlassen.

Auch für dieses Heilmittel gibt es eine Expressvariante: Füllen Sie die getrocknete Kräutermischung einfach in einen Stoffbeutel. Dieser wird dann direkt unter den Hahn gehängt, sodass das Badewasser beim Einlaufen durch die Kräuter fließt und die Inhaltsstoffe herauslösen kann. Lassen Sie die Kräuter dann noch mindestens zehn Minuten lang im heißen Badewasser ziehen. Danach können sie wieder getrocknet werden – sie lassen sich insgesamt nämlich zwei bis drei Mal wiederverwenden.

9

DER GARTEN ALS KURIOSITÄTEN-KABINETT

Weil kaum eine Pflanze die Welt so sehr in Aufruhr versetzt wie Hanf

Es ist schon faszinierend, für wie viel Unruhe eine einzige Pflanzenart sorgen kann: Der Hanf, eigentlich ein ganz und gar unschuldiges Gewächs aus der Ordnung der Rosenartigen, wurde jahrzehntelang gesetzlich geächtet. In den USA begann der Feldzug gegen Cannabis als Propagandakampagne der Papier- und Chemikalienindustrie von Hearst und DuPont, die sich durch das Kraut finanziell bedroht fühlten, weil es so vielseitig ist. In den 1960er Jahren kursierte sogar ein absurdes Plakat, auf dem vor dem »Unkraut, dessen Wurzeln in die Hölle reichen« gewarnt wurde. Abgebildet war ein Mann, der einer jungen Frau Hanf spritzte. Ja, Sie haben richtig gelesen: *spritzte.*

Trotz der denkbar mangelhaften Informiertheit der Kampagnenplaner konnte sich das schlechte Image des Hanfs aber leider durchsetzen: In Mitteleuropa ist es bis heute verboten, Marihuana oder Cannabis indica mit medizinischer Wirkung anzupflanzen, obwohl sich eine Menge Menschen für die Aufhebung dieses Gesetzes einsetzen. Schließlich dient Hanf der Menschheit schon seit Jahrhunderten, denn er wächst schnell, hat kaum Ansprüche, ist die perfekte Heckenpflanze und liefert Vogelfutter, Fasern für die Seil-, Papier- und Tuchherstellung, Öl und Samen zum Backen, Tierfutter, Bau- und Heizmaterial – und natürlich die bewusstseinserweiternden Inhaltsstoffe, die den Obrigkeiten solche Sorgen bereiten.

In den letzten Jahren hat sich die juristische Handhabung aber in vielen Regionen der Welt (sogar in einigen der konservativsten Bundesstaaten der USA!) gelockert, weswegen Hanffans hoffen dürfen, eines Tages vielleicht selbst medizinischen Hanf anbauen zu können.

Die Zeit bis dahin sollte aber keinesfalls mit einer illegalen Plantage überbrückt werden: Einerseits, weil sie eben illegal wäre, andererseits, weil sie sich einfach nicht gut verstecken ließe. Denn die Pflanzen werden innerhalb kürzester Zeit riesig, und die Blätter haben eine absolut unverkennbare Form.

Ich erinnere mich noch, wie vor vielen Jahren in einem Schaugarten in Österreich neben vielen anderen Pflanzen verschiedene Hanfsorten angebaut wurden. Man sah sie sofort, weil sie innerhalb einer einzigen Vegetationsperiode alle anderen Gewächse bei Weitem überragten. Irgendwann schlich sich dann ein eingefleischter Hanf-Anhänger in den Pflanzbereich, sägte den dicksten Stängel der größten Pflanze ab und schmuggelte ihn über die Mauer. Am nächsten Tag fand man kein einziges Blatt mehr am Boden.

Da sich die Hanfpflanze beharrlich gegen jede Form strenger Kontrolle sperrt, indem sie sich bereitwillig kreuzt, ist es schwierig, vollkommen wirkstoffarme Pflanzen zu ziehen – was wohl der Hauptgrund dafür ist, dass der Hanfanbau bis vor Kurzem in Europa verboten war.

Weil auch Pflanzen mondsüchtig sind

Ich mag mich wiederholen, aber für mich ist es immer wieder erstaunlich zu beobachten, dass natürliche Zyklen wie der Wandel der Jahreszeiten, die Mondphasen und meteorologische Besonderheiten in unserem modernen Alltag so sehr in den Hintergrund gerückt sind. Denn es ist noch gar nicht so lange her, dass unser Leben sozusagen am seidenen Faden der Natur hing: Selbst kleinere Stürme und heftige Regengüsse konnten uns noch vor wenigen Hundert Jahren, da mehr Menschen in der Landwirtschaft arbeiteten als heute, unserer Lebensgrundlage berauben. Kein Wunder, dass man damals sehr viel genauer darauf achtete, wie sich die Natur um uns herum verhielt.

Besonders genau beobachtete man damals die Gestirne, hauptsächlich natürlich Sonne und Mond, die den offensichtlichsten Einfluss auf unseren Alltag haben. Auch heute noch gibt es nicht wenige Gärtner, die viel Freude an diesem »ursprünglichen« Zugang zu unserer Umgebung finden – einige von ihnen richten sogar ihre gesamte Gartenarbeit nach dem Mond aus. Mittlerweile erfreut sich das »Leben nach dem Mondkalender« solcher Beliebtheit, dass es gleich mehrere Schulen zum Thema »Gärtnern nach Mondphasen« gibt.

Dass der Mond das Wachstumsverhalten von Pflanzen beeinflussen kann, ist nicht weiter verwunderlich. Denn was so etwas Gigantisches wie die Weltmeere bewegt, sollte an kleinen Gewächsen nicht scheitern. Falls Sie diesen Ansatz plausibel finden und sich selbst einmal im Mondgärtnern probieren wollen, sollten Sie sich aber Folgendes vergegenwärtigen: Ganz gleich, wie der Mond auch am Himmel steht, sollte natürlich zuallererst einmal das Wetter stimmen, wenn Sie sich ans Pflanzen machen. Und wenn Sie gerade keine Lust oder Zeit haben, sich mit Ihrem

Garten zu befassen, sollten Sie sich, selbst wenn der Mond gerade günstig steht, zu nichts zwingen. Wenn diese Grundvoraussetzungen aber gegeben sind, kann es richtig Spaß machen, sich beim Gärtnern an den Mond zu halten.

Dabei laufen Sie auch keine Gefahr, sich esoterischem Hokuspokus zu verschreiben – mittlerweile konnte nämlich auch wissenschaftlich bewiesen werden, dass der Mond tatsächlich Einfluss auf das Wachstumsverhalten von Pflanzen hat. Während der drei Tage vor Vollmond beispielsweise schießen Pflanzen stark in die Höhe, danach hingegen wachsen sie nicht mehr ansatzweise so enthusiastisch. Während der Mond abnimmt, richtet sich die Energie der Pflanzen eher nach unten, und zwar in die Wurzeln, die sich in diesen Phasen stärker ausbilden. Wer also eine Menge Blattmasse ernten will, pflanzt vor dem Vollmond. Wurzelgemüse hingegen sollte bei abnehmendem Mond gesetzt werden.

Natürlich ist das nur ein winziger Ausblick in das komplexe Thema des Mondgärtnerns. Wer sich wirklich in dieses Thema vertiefen möchte, der sollte sich einen Mondkalender zulegen, in dem man genaue Angaben dazu findet, wann welche Gewächse gepflanzt werden sollten. Wenn die Auswahl schwerfällt, kann man zum bewährten Aussaatkalender von Maria Thun greifen, der auf jahrzehntelanger sorgfältiger Beobachtung des Wachstumsverhaltens von Pflanzen beruht.

Weil Katzen im Garten
ihre »andere Seite« zeigen

Ach ja, so eine Wohnungskatze ist schon ein niedliches Ding: Den halben Tag schläft sie, ab und zu kommt sie zum Schmusen oder will spielen, und ansonsten hat man eigentlich nur mit der Leerung des Katzenklos, den vielen Haaren auf dem Sofa und einem kleinen Kratzer hier und da zu kämpfen. Als Wohnungskatzenhalter könnte man glatt vergessen, dass das beliebteste Haustier Deutschlands in Wahrheit ein wilder Jäger und Chaosverbreiter ist.

Doch kaum legt man sich einen Garten zu, lernt man die »dunkle Seite« von Katzen kennen: So mancher Gartenbesitzer entwickelt eine ausgeprägte Abneigung gegen die plüschigen Vierbeiner, weil sie – bei aller Niedlichkeit – jedes Stückchen offen liegende Erde als Einladung empfinden, eine Markierung zu hinterlassen. Außerdem buddeln sie gern Löcher an den unmöglichsten Stellen. (Ja, ich spreche von Katzen. Nicht nur Hunde tun das mit Vorliebe.) Außerdem lauern sie Vögeln auf, lassen tote Mäuse mitten auf der Rasenfläche liegen und, und, und. Mit anderen Worten: Katzen können richtiggehende Übeltäter sein, die selbst die Zuneigung von Tierfreunden manchmal ganz schön strapazieren. Ich kann mich noch ganz genau erinnern, dass ich Mordgedanken gehegt habe, als meine Katze Eidechsen gejagt und eine lebende Fledermaus ins Haus geschleift hat. Eine andere Katze, die ich vor Jahren hatte, balancierte immer auf einem Kippfenster herum, weil sie nur von dieser Position aus einer Schwalbenmutter auflauern konnte, die dort ihre Kinder fütterte.

Ja, Katzen können ganz schöne Biester sein.

Manchmal rächt sich ihre Garstigkeit gegenüber anderen Tieren aber auch: Eine meiner Katzen fing sich einmal eine schwere

Infektion ein und musste Ewigkeiten lang gepflegt werden, nachdem sie sich eingebildet hatte, es würde Spaß machen, mit einem Riesentausendfüßler zu spielen.

Sie werden staunen, was für unerwartete, sprich wilde und ursprüngliche Seiten Sie an Ihrem Haustier kennenlernen werden, wenn es erst mal Ihren Garten für sich entdeckt!

Weil man Katzen mit Kräutern betören kann

Bevor Sie auf falsche Gedanken kommen: Ich mag Katzen sehr und bin der Meinung, dass sie eigentlich in die freie Natur und nicht in eine beengende Wohnung gehören – kleinere Malheure hin oder her. Als ich mit dem Gärtnern anfing, wollte ich deswegen auch einen Ort erschaffen, an dem sich meine Katzen wohlfühlen, und hielt es für eine gute Idee, einige »Katzenkräuter« zu pflanzen. Nachdem mir jemand freundlicherweise eine Katzenminzepflanze geschenkt hatte, bekam diese sofort einen Platz im frisch umgegrabenen Garten. Sonderlich gut erging es dem armen Gewächs allerdings nicht: Nachdem die Katzen es einige Wochen lang einfach ignoriert hatten, fingen sie schließlich an, an den Blättern herumzuknabbern. Immer, wenn sie gerade gelangweilt oder frustriert waren, spazierten sie in den Garten und gönnten sich einen kleinen Katzenminze-Aperitif. Kurzum: In meinem ersten Gartenjahr wurde die Katzenminze dem Erdboden gleichgemacht.

Umso mehr staunte ich, als im darauffolgenden Frühling eine Pflanze nach der nächsten wie Unkraut aus dem Boden schoss. Ich brauche wohl kaum zu sagen, dass meine Katzen überglücklich waren, besonders, wenn sie schlecht gelaunt oder rollig waren. Ich selbst war nicht so wahnsinnig glücklich, denn schon bald sprach sich in der Katzenwelt herum, dass mein Garten ein wahres Minzeparadies ist, und auch die Nachbarskatzen tummelten sich Tag und Nacht in meinen Beeten.

Nach einer Weile fand ich auch heraus, warum die Vierbeiner auf *meine* Katzenminze so besonders erpicht waren – schließlich wuchs das Kraut doch auch in anderen Gärten! Doch mir fiel auf, dass meine Pflanzen ganz anders aussahen als die Exemplare in den Pflanzenkatalogen. Während meiner Nachforschungen fand ich heraus, dass es über 250 Arten der Gattung *Nepeta* gibt, und dass die meisten von ihnen nicht wegen ihrer magischen Anziehungskraft auf Katzen gezüchtet wurden, sondern weil sie so hübsch aussehen. Was ich in meinen Garten gesetzt hatte, war ein Exemplar der schnell welkenden, struppigen Katzenminze-verwandten *Nepeta cataria*, auch Katzenmelisse genannt. Was sich in den meisten anderen Gärten fand, war *Nepeta x faassenii*, deren Duft Katzen nicht besonders mögen, die aber bildschöne Zierblüten hat. Als ich später diese Blaue Katzenminze, die der mitteleuropäische Favorit unter den 250 verschiedenen *Nepetas*-Arten ist, auch in meinem Garten aussetzte, fiel meinen Katzen die neue Bewohnerin in ihrem Territorium auch nach Monaten nicht auf. Warum auch diese Exemplare der Gattung als »Katzenminze« bezeichnet werden, ist mir ein absolutes Rätsel – aber den Beschreibungen in Gartenkatalogen sollte man sowieso nur bedingt trauen.

Weil die größten Gartenfeinde ausgerechnet der Menschheit angehören

Ein Freund von mir behauptete einmal, die beiden größten Feinde seines Gartens seien Ziegen und Kinder. Was die Ziegen betrifft, kann ich ihn gut verstehen: Sie sind sogar schlimmer als Rehe, denn Letztere haben wenigstens geschmackliche Vorlieben und fressen nicht einfach wahllos alles, was ihnen unter die Nase kommt. Ziegen grasen ausnahmslos alles ab und räumen Hindernisse ohne Rücksicht auf Verluste aus dem Weg. Aber wenn man sie am Ende einfängt, gucken sie einen an, als könnten sie kein Wässerchen trüben.

Was Kinder betrifft, bin ich geteilter Meinung: Ja, sie machen immer mal wieder etwas kaputt, aber auf der anderen Seite bringen sie auch unendlich viel Freude und Lebendigkeit in einen Garten.

Doch weder Kinder noch Ziegen können mit dem größten Feind des Gartens überhaupt mithalten: dem gemeingefährlichen Bauarbeiter. Einem Gärtner kann nichts Schlimmeres passieren als eine Baustelle mitten in seinem Refugium, und ich wünsche Ihnen von ganzem Herzen, dass Sie niemals erleben müssen, wie Ihr Garten Stück für Stück verwüstet wird. Selbst wenn eine Naturkatastrophe Ihr grünes Paradies fast dem Erdboden gleichmacht, werden Sie nicht solche Mordgelüste empfinden wie gegenüber Bauarbeitern. Schließlich ist eine Naturkatastrophe etwas *Natürliches*, gegen das man wenig ausrichten kann.

Ich erinnere mich noch, wie ich nach einem besonders langen und zerstörerischen Bauprojekt auf meinem Grundstück feststellen durfte, was für ein beglückendes Erlebnis es sein kann, wenn eine Pflanze gegen alle Wahrscheinlichkeit die Bauarbeiter-Bedrohung überlebt. Die Männer hatten den Boden einen ganzen

Meter tief aufgegraben, weswegen ich wenig Hoffnung hegte, dass auch nur eine der Pflanzen, die ich nicht rechtzeitig hatte retten und eintopfen können, dieses Debakel überleben würde.

Als ich nach Abschluss der Bauarbeiten die verheerte Erde wässern wollte, schrie ich förmlich auf vor Freude, als ich sah, dass zwei tief wurzelnde Pflanzen zaghaft ihre Köpfchen aus dem Boden streckten! Leider war der Bauleiter noch anwesend. Nachdem ich gejubelt hatte: »Oh, sehen Sie mal, eine Pflanze hat überlebt!«, meinte er nur trocken: »Yes, Ma'am, darum kümmere ich mich gern für Sie«, und riss die Pflanze aus dem Boden. Barbar.

Zum Glück hatte er aber nur eine der Überlebenden entdeckt. Die andere durfte weiterwachsen und zeigte mir, warum diese Gewächse den klangvollen Namen »Wunderblumen« tragen: Es dauerte nämlich nicht lange, und sie wuchs wieder so dicht und prächtig wie vor der Zerstörung ihres Zuhauses durch meinen unerwünschten »Besuch«. Die lateinische Bezeichnung der Pflanze lautet übrigens *Mirabilis jalapa* – ich finde, dass sie einem förmlich auf der Zunge zergeht wie ein uralter Zauberspruch: »*Mirabilis jalapa*, weichet, böse Bauarbeiter, und kommet niemals mehr zurück!«

Weil Pflanzen geomantisch empfindlich sind

Wer sich einen Garten zulegt, achtet bei der Gestaltung zunächst meist auf Aspekte wie Nähe zum Haus, Ausrichtung des Gartens auf Nord- oder Südseite, bereits vorhandene Pflanzen und Bäume oder Bauelemente wie Wege, Hochbeete, Sitzecken, Statuen, Hecken, Teiche und so weiter. All die anderen Elemente, die wichtig für die Gartengestaltung sind, fallen uns anfangs meist gar nicht auf. Nur wenige Eingeweihte (hier und da werden sie auch als »Spinner« bezeichnet) achten beispielsweise auf die geomantischen Aspekte, die das Gedeihen von Gärten beeinflussen.

Da Sie aller Wahrscheinlichkeit nicht zu diesen Eingeweihten/ Spinnern zählen, hier eine kurze Erklärung: Laut Wikipedia ist die Geomantie oder, wenn man der ursprünglichen Bedeutung des Namens folgt, die »Weissagung aus der Erde« das »Erkennen und Erspüren von guten Plätzen in Raum und Landschaft und damit die Grundlage für ein harmonisches und gesundes Wohnen und Leben«.

Im ersten Moment mag das wirklich ein bisschen spinnert klingen, andererseits ist es aber eigentlich nichts anderes als Feng-Shui für den Garten. In der Geomantie wird davon ausgegangen, dass es zwei Grundtypen von Lebewesen gibt: Strahlenflüchter und Strahlensucher. Wer sich für Geomantie interessiert, wird zunächst darauf achten, wie Gartenbäume wachsen. Obstbäume beispielsweise sind nämlich, genauso wie Menschen, Strahlenflüchter – das heißt sie versuchen, den negativen Einflüssen von Erdstrahlen und Wasseradern zu entgehen. Wächst ein Obstbaum in Ihrem Garten stark in eine Richtung, versucht er also entweder, anderen Bäumen auszuweichen, oder seine Wuchsrichtung hat eine geomantische Ursache, also eine störende Strahlung, die sich in der Richtung befindet, von der sich der Baum fortneigt.

Auch anhand von Baumkrebs lassen sich störende Strahlen aufspüren, denn er zeigt sich vermehrt über Strahlungsquellen. Falls Sie ein Haustier haben, können Sie auch einfach darauf achten, wo es sich seinen Lieblingsschlafplatz sucht. Während Hunde Strahlenflüchter sind, zählen Katzen zu den Strahlensuchern, werden sich also möglichst genau auf Strahlungsquellen niederlassen.

Schon so mancher Gärtner, der wirklich keinerlei Sinn für derartigen »Hokuspokus« hat, hat irgendwann klein beigegeben und zuerkannt, dass irgendetwas dran sein muss an der Geomantie, nachdem er immer und immer wieder versucht hat, Rosen oder Obstbäume an bestimmten Stellen zu pflanzen, aber stets von Neuem hilflos mitansehen musste, wie die Pflanzen verkümmerten und elendig zugrunde gingen.

Wenn es Ihnen mit einer Ecke in Ihrem Garten genauso ergeht, dann ist es vielleicht an der Zeit, das Experiment zu wagen und an dieser Stelle ein paar Strahlensucher zu pflanzen: Sollten sie prächtig gedeihen, können Sie daraus ja Ihre eigenen Schlüsse zeigen.

Eingefleischte Geomantie-Anhänger legen ihren gesamten Garten anhand solcher Beobachtungen an und schwören darauf, dass sie so eine Menge Geld sparen und ihre Pflanzen wesentlich gesünder sind als die in anderen Gärten. Außerdem versuchen sie, ihre Gärten so zu gestalten, dass an den Orten, an denen sich am häufigsten Menschen aufhalten, keine Strahlung vorliegt.

Neugierig geworden? Mit der folgenden (stark verkürzten) Liste von Strahlenflüchtern und Strahlensuchern können Sie Ihre ersten Gartenexperimente wagen:

Strahlenflüchter
* Mensch, Hund, Pferd, Rind, Ziege, Schaf, Kaninchen, Schwein, Ente, Fuchs, Reh, Dachs, Storch, Schwalbe
* Obstbaum, Getreide- und Gemüsearten, Buche, Birke, Kiefer, Tanne, Fichte, Linde, Nussbaum, Flieder, Heckenkirsche,

Berberitze, Johannisbeere, Weinstock, Rose, Azalee, Begonie, Geranie, Kakteen, Primel, Sonnenblume, Veilchen

Strahlensucher
* Eule, Schlange, Ameise, Katze, Biene, Wespe, Mücke, Maulwurf, Bazillen, Viren, Schimmelpilze
* Ahorn, Eiche, Esche, Hasel, Holunder, Mistel, Rosskastanie, Robinie, Sanddorn, Weide, Bambus, Beifuß, Brennnessel, Dost, Fingerhut, Huflattich, Johanniskraut, Kalmus, Mädesüß, Minze, Pilze, Schilf, Spindelstrauch, Tollkirsche, Wacholder

Weil Giftpflanzen manchmal
so verlockend sind

So gut wie jeder halbwegs naturinteressierte Mitteleuropäer weiß, dass Fliegenpilze hochgiftig sind – aber ist Ihnen auch bewusst, wie viele der Ihnen vertrauten Gewächse in Ihrem eigenen Garten psychedelische bis giftige Wirkungen aufweisen? Zu den gifthaltigsten Pflanzen überhaupt zählt beispielsweise ein ausgesprochen häufiger Gartenbewohner, dem kaum einer diese dunkle Seite zutrauen würde. Die Rede ist vom Oleander, den viele Gärtner im Winter fürsorglich eintopfen und ins Wohnzimmer schleppen. Doch seine Wirkung ähnelt der von Fingerhut: Ein paar wenige Blätter der süß duftenden Pflanze können ausreichen, um einen Herzstillstand auszulösen. Aus diesem Grund wurde Oleander früher als Rattengift verwendet. Zum Glück schmecken die Blätter aber sehr bitter, weswegen Kinder und Haustiere eher selten darauf herumknabbern. Allerdings würde ich Ihnen trotzdem dazu raten, die Pflanze außerhalb der Reichweite von neugierigen Kleinkindern und Hundewelpen aufzubewahren – man weiß ja schließlich nie. Achten Sie auch darauf, dass die Blätter nicht in die Trinknäpfe Ihrer Haustiere fallen – selbst verdünnt kann die Wirkung nämlich stark sein.

Auch viele an sich essbare Pflanzen können unter bestimmten Umständen giftig sein. Kartoffeln beispielsweise, also eines unserer Grundnahrungsmittel, haben giftige Blätter, und auch die sogenannten Kartoffelbeeren, grünlich verfärbte und austreibende Kartoffeln, enthalten Giftstoffe, und zwar vor allem in der Schale. Selbst die gute alte Tomate kann für den Menschen giftig sein, besonders die grünen Pflanzenteile sowie unreife Früchte. Ebenfalls die Finger lassen sollte man von den grünen Blättern der Rhabarberpflanze, denn auch sie enthalten Giftstoffe.

Ein weiterer Vertreter des giftigen Reigens sind Holunderbeeren, was allerdings vielen Leuten bekannt ist. Roh sind sie leicht giftig, wenn sie korrekt zubereitet wurden, sind sie allerdings ausgesprochen gesund. Ein Freund von mir hat die Beeren einmal mit den allerbesten Absichten und einer gehörigen Portion Unwissenheit bei einer Dinnerparty serviert, die damit endete, dass die Gäste der Reihe nach die Toilette stürmten. Wenn Sie selbst solche ziemlich peinlichen lehrreichen Erfahrungen vermeiden wollen, können Sie unter »Weil es die leckersten Gelees nicht im Supermarkt, dafür aber in Ihrem Garten gibt« nachlesen, wie man einen bekömmlichen Aufstrich aus Holunderbeeren zubereitet.

So richtig hinterhältig verhält sich das Maiglöckchen: Es ist ziemlich giftig, weist aber erstaunliche äußere Ähnlichkeit mit Bärlauch auf. Schon so mancher Wildküchenenthusiast hat sich eine Lebensmittelvergiftung zugezogen, weil er beim Bärlauchsammeln nicht genau genug hingesehen hat.

Ähnlich gefährlich geht es in der Welt der Pilze zu, vor allem für Pilzsammler, die sich niemals die Zeit genommen haben, sorgfältig zu lernen, wie Giftpilze aussehen und anhand welcher Merkmale sie von ihren essbaren Artgenossen unterschieden werden können. Denn leider sehen nicht alle Giftpilze so gefährlich aus, wie ihre Namen klingen: Todesengel, Panther- und Satanspilz können auf den ersten Blick ziemlich vertrauenerweckend wirken. Und noch ein kurzes Wort der Warnung: Lassen Sie sich nicht von irgendwelchen Dummköpfen auf dem Selbstfindungstrip einreden, dass ein Häppchen Fliegenpilz wegen seiner narkotischen Wirkung nicht verkehrt sein kann. Das Ergebnis dürfte nämlich noch viel weniger angenehm ausfallen als die Geschichte mit den Holunderbeeren!

Ebenfalls nur abraten kann ich Ihnen davon, Ihr Wissen über die Giftpflanzen in Ihrem Garten gegen unangenehme Daseinsformen wie beispielsweise die allgegenwärtige Tante Mathilde einzusetzen. Ich verstehe zwar durchaus, wie verlockend es manchmal sein kann, durch eine Portion Holunderbeeren ihren frühzeitigen Aufbruch zu provozieren, aber so was gehört sich einfach nicht. Ganz ehrlich: Wie sind Sie nur plötzlich auf diesen Gedanken gekommen?

Weil Rache so süß sein kann

Zum Glück sind die meisten von uns mit liebenswerten Nachbarn gesegnet – aber auf der anderen Seite existiert die Redewen-
dung »einen Streit vom Zaun brechen« nicht grundlos: Manch
ein Gartenbesitzer hat in der Nachbarschaftslotterie wirklich
den Schwarzen Peter gezogen. Leider ist Gärtnern nicht in allen
Fällen gut für den Charakter, und in manchen Fällen treibt die
Liebe zum grünen Paradies wirklich seltsame Blüten. Manche
Gartenbesitzer drohen beispielsweise schon damit, die Polizei zu
rufen, wenn auch nur ein Ast Ihres Lieblingsobstbaums über den
monatlich nachlackierten Zaun des Nachbargrundstücks ragt.
Argumente nützen bei solchen Leuten leider überhaupt nichts.
Erklären Sie, dass der Baum schief wachsen würde, wenn Sie
ihn beschneiden, und Sie damit seine natürliche Schönheit beeinträchtigen würden, verschwindet Nachbar Miesepeter schon
im Geräteschuppen, um die Motorsäge zu holen, da haben Sie
noch nicht mal ausgeredet. Wer mit einem solchen Nachbarn
geschlagen ist, kann tun, was er will: Über den Gartenzaun wird
verbales Gift verspritzt, denn Nachbar Miesepeter kann man
nichts recht machen, außer man macht alles ganz genauso wie er
selbst. Nehmens Sie's nicht persönlich – es liegt nicht an Ihnen,
sondern daran, dass Ihr Nachbar ein Trottel ist, der verzweifelt
nach jemandem sucht, den er mit seiner Übellaunigkeit infizieren
kann.

Trotzdem wäre es einfach nicht menschlich, angesichts solcher Kontrollfreaks und Regelfanatiker keine Rachegedanken
zu hegen. Auch in diesem Fall sollten Sie nicht zur Giftpflanze
greifen – schließlich wollen wir uns ja nicht auf das Niveau des
Herrn Nachbarn herablassen. Zum Glück gibt es auch viel unauffälligere Rachemethoden, die noch dazu absolut legal, wenn

auch in moralischer Hinsicht vielleicht nicht ganz astrein sind. Aber in manchen Fällen sollte man sich von der Moral nicht aufhalten lassen. Sagen wir beispielsweise, Sie entdecken im Komposthaufen oder in einem entlegenen Winkel Ihres Gartens eine ganz harmlose Strumpfband- oder Ringelnatter. Und bekanntlich sind das ja sehr hilfreiche Tiere, schließlich halten sie Mäuse, Maulwürfe und Wühlmäuse vom Garten fern. Und als Sie die Schlange eingefangen, über Nacht in einem Käfig gehalten und in den frühen Morgenstunden durch den Zaun in genau den Gartenabschnitt gesetzt haben, in dem Ihr Nachbar immer seinen Frühstückskaffee trinkt, da haben Sie es wirklich nur gut gemeint. Woher sollten Sie denn auch wissen, dass Nachbar Miesepeter panische Angst vor Schlangen hat?!

Oder wie wäre es damit, das Leben Ihres Nachbarn mit einer kleinen Prise Guerillataktik zu würzen? Eine »Samen-Bombe« auf Lehmbasis wird selbst in sorgfältig gepflegten Beeten beim Aufprall unsichtbar und lässt sich nicht bis zu Ihnen zurückverfolgen. Ach, sieht der Garten Ihres pingeligen Nachbarn nicht viel hübscher aus, seitdem die unbefleckten Gemüsebeete durch ein paar »Unkrautblüten« verziert werden?

Doch die allerschönste Form der Rache ist gleichzeitig auch die friedlichste: Lassen Sie sich von Nachbar Miesepeter einfach nicht aus der Ruhe bringen. Machen Sie Ihren eigenen Garten zu einem in Ihren Augen so vollkommenen Stück vom Paradies, dass die Freude über den Anblick Ihrer Pflanzen das Gezeter, das über den Zaun dringt, einfach erstickt.

Weil der Powidl den Deutschen ein Rätsel ist

Sie haben keine Ahnung, was Powidl ist? Dann geht es Ihnen wie den meisten Deutschen. Selbst in Bayern, wo man quasi direkt neben der Quelle lebt, weiß kaum einer, worum es sich bei Powidl handelt. In Österreich hingegen, wo das Wort herkommt, hat es sich sogar schon idiomatisch festgesetzt: Sagt der Österreicher (vor allem der Wiener) »Ist mir powidl«, dann meint er: »Ist mir total egal, ist mir wurscht.«

Powidl selbst ist den Österreichern aber überhaupt nicht egal. Die Herstellung dieses köstlichen Pflaumenmuses, die traditionell im Spätherbst erfolgt, war in vergangenen Zeiten in ländlichen Regionen nämlich fast schon so etwas wie ein gesellschaftliches Ereignis. Denn die Zubereitung ist zeit- und arbeitsintensiv, weswegen meist viele Leute zusammenkamen, um sich die Mühen zu teilen.

Powidl wird sehr lange gekocht, weswegen er kaum mehr Vitamine enthält. Aroma und Geschmack sind erstaunlicherweise aber ganz besonders ausgeprägt: Powidl-Aufstrich schmeckt wie Zwetschge pur aufs Butterbrot. Auch zu Mehlspeisen wie Grießbrei macht sich Powidl ganz köstlich. Da die Zubereitung so viel Einsatz erfordert (versprochen: Es lohnt sich!), ist es empfehlenswert, immer gleich größere Mengen auf einmal vorzubereiten.

Powidl
2 Kg reife Zwetschgen
3 EL Slibowitz

Zubereitung:
Waschen, halbieren und entkernen Sie die Zwetschgen sorgfältig und geben Sie sie noch feucht in einen großen, schweren Topf.

Ideal für diese Zwecke ist ein emaillierter Eisentopf. Wärmen Sie die Pflaumen bei kleiner Flamme und unter beständigem Rühren an, bis sie anfangen, in sich zusammenzufallen und Saft abzugeben. Kochen Sie die Masse jetzt bei sehr geringer Hitze ganz dick ein – das dauert bis zu zweieinhalb Stunden. Da das Mus sehr schnell ansetzt, sollten Sie nicht vergessen, es regelmäßig umzurühren. Geben Sie nun den Slibowitz (ersatzweise kann auch Rum verwendet werden) hinzu und lassen Sie die Masse noch eine halbe Stunde lang weiterkochen. Der noch heiße Powidl wird dann in sterilisierte Gläser abgefüllt, die fest verschlossen werden müssen. Das Zwetschgenmus hält sich bis in den Frühling – Sie können also den ganzen Winter über den frischen Geschmack von Herbstobst genießen!

Weil die Sammelitis so eine geheimnisvolle Gärtnerkrankheit ist

Ganz gleich, wie oft man beim Gärtnern über Wurzeln gestolpert ist, sich in den Finger geschnitten oder Besuch von der gemeinen Heuschnupfenfee bekommen hat: Keine Krankheit macht dem leidenschaftlichen Gärtner so sehr zu schaffen wie die Sammelitis. Wenn sie Sie erst mal im Griff hat, breitet sie sich in Herz und Seele aus und ist schwerer loszuwerden als eine Klette in dichtem Hundefell. Am besten Sie lassen sie einfach walten.

Bei den meisten Junggärtnern kommt es beim Lesen von Gartenkatalogen zu folgender Szene: »Ach, guck mal Schatz, die Duftrose da hat dieselbe Farbe wie unsere Hauswand. Würde die sich nicht richtig gut im Garten machen? Oh, und die Staude hier! Ich glaube, genau die brauchen wir noch!« Und das ist noch das harmlose Anfangsstadium. Wenig später werden Sie anfangen, nachts von Gartenkatalogen zu träumen.

Die Gedankengänge von Sammelitis-Befallenen ähneln denen von Suchtkranken: Eine Duftrose allein macht sich optisch nicht so gut, das Beet sieht doch viel voller und ästhetischer aus, wenn da noch drei weitere Exemplare blühen. Aber dann brauche ich eigentlich auch noch drei verschiedene Lavendelsorten, denn die passen so gut zu dem süßen Duft der Rosen und halten Schädlinge fern! Hm, aber wenn schon, denn schon! Vor dem Haus ist doch noch richtig viel Platz für einen ganzen Duftgarten! Sieh mal an, die haben hier auch exotisch duftende Minzen wie Eau de Cologne und Nanaminze!

… und schon haben Sie Stunden damit zugebracht, in Katalogen zu blättern und das Internet nach noch exotischeren Rosen- und Minzesorten zu durchforsten. Sie haben den Newsletter von zehn verschiedenen Spezialgärtnereien abonniert und sich bei einer Tauschgemeinschaft angemeldet. In ganz besonders schweren Fällen von Sammelitis endet man damit, dass man Mitgliedergruppen aus den lokalen Gärtnervereinen und ganze Schulklassen durch sein grünes Paradies führt und letztlich so etwas wie eine inoffizielle Gärtnerei leitet.

Es ist schon erstaunlich, was mit sammelitiserkrankten Gärtnern passiert. Die lustigsten Anekdoten zu diesem Thema erzählte mir eine alte Bekannte, die ihren Lebensunterhalt damit verdiente, auf Märkten Blumenzwiebeln zu verkaufen. Sie kaufte ihre Ware stiegenweise in Holland und verkaufte die Zwiebeln in Deutschland dann Stück für Stück. Sie konnte immer erkennen, wann ein Kunde besonders an einer Zwiebel interessiert war, weil diese Kunden immer erst die Ware inspizierten und dann wieder verschwanden. Ein paar Minuten später kehrten sie dann zurück und sondierten sorgfältig das Terrain, wie ein Hund, der einen besonders fleischigen Knochen wittert. Natürlich taten die Kunden so, als wären sie völlig desinteressiert, doch meine Bekannte wusste immer genau, wofür sie sich interessierten. Angeblich zitterten den Sammelitisbefallenen manchmal sogar vor Aufregung die Hände. Ab und an brauchten sie noch eine dritte Runde, ehe sie endlich ganz nebensächlich nach dem Preis für die entsprechende Zwiebel fragen konnten. Natürlich versuchten die meisten zu feilschen, aber am Ende kauften sie ihren Schatz sowieso unter allen Umständen.

Eine Unterart der Sammelitis sind die Saatguterhalter, zu denen eine andere Bekannte von mir zählte. Alles fing damit an, dass sie Samen aus ihrem eigenen Garten sammelte. Bald kam dann Saatgut aus den Nachbargärten hinzu, und schließlich kaufte sie auch seltene kommerzielle Samen. Gelagert wurde das Saatgut in einem kellerartigen Bereich ihres Hauses in Marmeladengläsern mit Drehverschluss, die die Feuchtigkeit fernhielten. Getrocknet wurden die Samen in Silikagel. Ehe meine Bekannte sich versah, dominierten Kisten voller Marmeladengläser den Lagerraum. Sie stapelten sich buchstäblich bis zur Decke. Wenig später bekam sie zufällig mit, dass eine Samenfirma in der Gegend ihre Tore schloss und ihr Mobiliar verkaufte. Meine Bekannte schlug sofort zu und erstand so viele Regale, wie in ihren Lagerraum passten. Dann stellte sie fest, dass die Regale auch kleine Schubladen hatten, und die mussten schließlich auch mit irgendetwas gefüllt werden! Also fing sie an, zusätzlich Blumenzwiebeln und größere Samen zu sammeln. Um es kurz zu machen: Ihre Sammlung wuchs ins Unermessliche, bis sie sie mit einer Saatguterhaltungsinitiative teilen musste, weil sie einfach keinen Platz mehr hatte.

Und wenn sie nicht gestorben ist, dann hat sie mittlerweile wieder einen ganzen Raum voll Saatgut …

10

DER GARTEN ALS VISITENKARTE

Weil die thematische Vielfalt von Gärten schier unerschöpflich ist

Viele Gärtner legen Wert darauf, dass ihr kleines Stück Paradies eine ganz bestimmte Geschichte erzählt oder einem spezifischen Zweck dient. Es ist wirklich erstaunlich, welcher Themenvielfalt man begegnet, wenn man einen genauen Blick in anderer Leute Gärten wirft: Es gibt asiatische Gärten, Parkgärten, Mondgärten, Hexengärten, Farbgärten, Steingärten, Schmetterlingsgärten, Biergärten, Schulgärten, Wüstengärten, Knotengärtchen, Küchengärten, Obstwiesen, Rosengärten, Labyrinthgärten, Waldgärten, Schattengärten, Wassergärten, Skulpturengärten und, und, und.

Da die Möglichkeiten schier unerschöpflich sind, findet hier ein jeder seine Nische, solange er sich nur für die Gartenkunst interessiert. Mit wenigen Mitteln kann man in seinem grünen Paradies einen kleinen Mikrokosmos erschaffen, der genau auf die eigenen Bedürfnisse und Vorlieben zugeschnitten ist. Kein Wunder, dass Gartenausstellungen und -messen so gut besucht sind: Ein bisschen Inspiration kann nämlich nie schaden!

Machen Sie Ihren Garten zur lebenden Visitenkarte, die Besuchern etwas über Ihre Persönlichkeit verrät! Und vielleicht schaffen Sie es sogar, nicht nur Ihre eigenen Wunschträume zu erfüllen, sondern auch Ihre Gäste wenigstens für ein paar Augenblicke in einen diesseitigen Garten Eden zu entführen.

Weil er uns Platz bietet, unsere Persönlichkeit auszudrücken

Jeder Garten ist ein Unikat – genauso wie sein(e) Besitzer. Er bietet uns eine Menge Raum, unserer Individualität Ausdruck zu verleihen. Und aus Gründen, die ich bislang noch nicht wirklich ermitteln konnte, wird in Sachen Garten selbst in den strengsten und kritischsten Gesellschaften ein Auge zugedrückt. In Ihrem kleinen Stück vom Paradies darf es also gern mal ein bisschen exzentrischer zugehen – jedenfalls solange Sie sich nicht in einem ultrakonservativen Kleingartenverein angemeldet haben!

Selbst die ihrer eigenen Meinung nach unkreativsten Menschen überhaupt haben im Garten schon verborgene künstlerische Talente in sich selbst entdeckt. Denn er bietet Ihnen eine unendliche Vielfalt an natürlichen Farben, Düften, Materialien und Formen, mit denen Sie experimentieren können. Doch »natürliche« Kunstwerke sind nicht die einzige Form von individuellem Ausdruck, die im Garten möglich ist. Ob Gartenzwergsammlung oder Ytong-Skulpturen, Bodenmosaike oder Töpferwerkstatt – Ihr Garten bietet Ihnen auch für ausgefallenere Hobbys Platz. Und was noch viel wichtiger ist: Ihm ist es völlig egal, ob Ihre Werke gelungen sind oder nicht oder ob Sie sich eine »coole« Beschäftigung gesucht haben. Denn Ihr Garten urteilt nicht. Sie wollten immer schon Zauberer werden? Voilà: Sie können Ihren Garten in ein Meisterwerk optischer Illusionen verwandeln! Oder steckt in Ihnen ein verkappter Bauingenieur? Ihr ausgeklügeltes Wegesystem und die Wasseranlage können mit Versailles konkurrieren!

Im Garten sind Ihren Träumen kaum Grenzen gesetzt – außer Sie beharren darauf, ihn stur nach den Vorgaben von Gartenzeitschriften und -büchern zu gestalten.

Ihr Garten schert sich nicht darum, ob Sie Schloss Neuschwanstein aus Zahnstochern oder die Pyramiden von Gizeh aus LEGO-Steinen nachbauen wollen, ob Kunst für Sie darin besteht, den Rasen mit der Nagelschere zu trimmen, oder ob Sie sich als expressionistischen Blumenmaler sehen, der lieber hier und da ein paar wilde Farbkleckse verteilt. Er ist einfach nur da und bietet Ihnen Platz und Ruhe, um Ihrer Persönlichkeit Ausdruck zu verleihen – vielleicht ja auch Seiten an Ihnen, von denen sonst niemand etwas ahnt.

Weil es nicht immer ein
eigener Garten sein muss

Noch vor ein paar Jahren hatten Gärten ein seltsam altmodisches, angestaubtes Image. Gärtnern galt geradezu als Alte-Damen-Hobby. Doch im Augenblick entwickelt sich Gärtnern zur regelrechten Trendwelle, die mehr und mehr junge Menschen anzieht. Vielleicht lag der hohe Altersdurchschnitt unter passionierten Gärtnern ja auch ein wenig an mangelndem Geld und fehlenden Möglichkeiten: Viele junge Leute ziehen es vor, in der Stadt zu leben, wo Gärten eher eine Seltenheit sind, und außerdem kann sich kaum ein junges Paar gleich ein Einfamilienhaus mit Garten leisten.

Mittlerweile hat sich in dieser Hinsicht einiges getan: Selbst in Großstädten wird in Form von Guerilla-Gärtnern, in Stadtgärten und Gemeinschaftsgärten regelmäßig und von vielen Menschen in der Erde gewühlt. Gerade junge Paare mit Kind(ern) haben so auch die Möglichkeit, ein bisschen Geld zu sparen und sich ihr eigenes Biogemüse zu züchten. Denn nur im eigenen Garten können Sie wirklich sichergehen, dass keine Düngemittel und andere Chemiekeulen in Ihren Nahrungsmitteln stecken und dass Ihr Obst nicht einmal um die halbe Welt geflogen wurde, ehe es im Supermarkt gelandet ist. In manchen Kreisen gilt es mittlerweile sogar als richtiggehend schick, sein eigenes Essen anzubauen.

Wer noch niemals selbst gegärtnert hat und sich die Grundzüge auch nicht von seinen Eltern oder Großeltern abgucken konnte, für den sind Gemeinschaftsgärten genau das Richtige. Natürlich bieten Internet, Bücher und Zeitschriften Hilfe – aber wie sollen Sie ein Problem googeln, von dem Sie nicht mal wissen, wie man es eigentlich bezeichnet?

In Gemeinschaftsgärten findet man fast immer jemanden, den man mit Fragen löchern kann. Meistens treiben sich sogar ein paar richtig alte Hasen herum, die sich freuen, wenn sie ihr über Jahrzehnte angesammeltes Wissen über häufige Probleme wie Schneckeninvasionen oder Wühlmausplagen sowie frühzeitige Frostwarnungen weitergeben können.

Ein weiterer Vorteil der meisten neueren urbanen Gemeinschaftsgärten ist ihre Schmelztiegelfunktion: Sie sind kunterbunte Fleckchen, die kaum etwas mit traditionellen Schrebergärten zu tun haben. In fast allen treffen die verschiedensten ethnischen Gruppierungen zusammen. Viele türkische und asiatische Migranten tun sich beispielsweise in Gemeinschaftsgärten zusammen, um das Obst und Gemüse anzubauen, das sie aus ihrer Heimat gewohnt sind und das es in Deutschland oft nur für Unsummen im Feinkostladen zu kaufen gibt. Meiner Erfahrung nach finden sich unter ihnen oft echte Gartenkünstler, die dem Neuling unendlich viel beibringen können, sobald die Sprachbarriere einmal überwunden ist.

Zudem können Sie eine Beteiligung an einem Gemeinschaftsgarten auch als eine Art »Schnupperkurs« betrachten: Die Grundstücke sind meist verhältnismäßig klein und überschaubar, und wenn Sie merken, dass Sie einfach nicht aus Gärtnerholz geschnitzt sind, dann können Sie Ihre Beteiligung schnell wieder aufkündigen. Wenn Sie aber Ihren grünen Daumen entdecken, können Sie meist jederzeit ein größeres Stückchen Land anmieten.

Neugierig geworden? Nur zu, denn unverbindlicher als in einem Gemeinschaftsgarten können Sie Ihr grünes Talent und Ihr Interesse nicht austesten!

Weil es nicht immer ein Schrebergarten sein muss

Ach, Freud und Leid der Schrebergärten ... In manchen Groß-städten sind sie (jedenfalls für Menschen ohne millionenschwere Konten und Stadtvilla) bis heute die einzige Möglichkeit, in den Genuss eines eigenen Fleckchens Grün zu kommen. Aber, und man kann es einfach nicht anders sagen: Oftmals sind sie der-art straff organisiert, dass man sich kaum traut zu atmen, und auf den leisesten Versuch, die komplizierten Regeln etwas zu lo-ckern, wird meist geradezu allergisch reagiert. Nun ja, der Begriff »Vereinsmeierei« lässt sich nicht zufällig so schwer in andere Sprachen übersetzen.

Doch seit einigen Jahrzehnten vollzieht sich ganz unauffällig eine friedliche Revolution, durch die »Schrebergärten« wieder in wahrhaft volksnahe Gärten verwandelt werden sollen, so wie sie ursprünglich gedacht waren. Und weil das Wort »Volk« im Deutschen noch immer so einen schalen Beigeschmack hat, nennen sich diese »anderen« Gärten nach dem amerikanischen Vorbild der *community gardens* heute Gemeinschaftsgärten. In einigen wenigen von ihnen steht Ordnung immer noch an erster Stelle – aber die meisten Kleingärtner legen immer mehr Wert auf Ökologie, integrierte Pflanzenschutzmaßnahmen und Bio-anbau. Es ist zu hoffen, dass mit der Zeit wirklich alle deutschen Schrebergärten mehr den englischen *allotment gardens* und den amerikanischen *community gardens* ähneln werden.

Weil Staudengärten länger Freude bereiten

In den meisten englischen Gärten spielen Stauden eine zentrale Rolle. Auch für mich ist ein Garten ohne Stauden schlichtweg undenkbar, ebenso wie ich mir nicht vorstellen kann, einen Garten anzulegen, der nicht Jahr für Jahr zurückkommt. In den letzten Jahren habe ich mitansehen müssen, wie schonungslos einige meiner Nachbarn und eine Arbeitskollegin mit ihren Gärten umgingen: Am Ende des Jahres ließen sie die Pflanzen einfach absterben, ohne dass sie aussäen konnten. Stattdessen wurden die Gewächse ausgerissen und entsorgt, und man kaufte teure neue Pflanzen nach, um sie zu ersetzen. Wenn ich so etwas sehe, zuckt es mir immer in den Fingern und ich kann mich nur schwer zurückhalten, mich nicht als Missionarin zu betätigen. Warum lassen die Leute nicht zu, dass die Pflanzen aussäen? Warum kümmern sie sich nicht um die Stauden, sodass sie es über den Winter schaffen?

Gärten sind vergänglich und sterben meistens ab, sobald sich kein Gärtner mehr um sie kümmert. Von wahrer Dauer sind nur die Bäume, die wir pflanzen – und die Stauden, solange wir ihnen ein bisschen Pflege zukommen lassen. Alles andere verschwindet meist nach nur ein paar wenigen Gartenjahren.

Als ich mit dem Gärtnern anfing, übernahm ich ein Grundstück, das völlig von Unkraut und Gräsern überwuchert war. Ein Teil dieser Pflanzen reichte mir bis zur Hüfte, und umso glücklicher war ich, als ich entdeckte, dass zwischen all dem Chaos ein paar Stauden überlebt hatten. Als ich sie aus dem Gestrüpp rettete, entdeckte ich unter anderem eine wirklich spektakuläre, blutrote Pfingstrose. Neben den Stauden fand ich nur die Obstbäume und die Beerensträucher stehen, die aber heftig zurückgeschnitten werden mussten, bis sie wieder anfingen, Früchte zu tragen. Wahrscheinlich sind es die Erfahrungen mit diesem ersten Garten und die Lehren der englischen Gärtner, die mich zu einem so großen Fan von Staudengärten gemacht haben.

Nur einen Nachteil haben Staudenbeete: Man muss regelmäßig Unkraut jäten. Wenn Ihnen das aber nicht zu mühsam ist und Sie bereit sind, die Pflanzen regelmäßig zu gießen und gelegentlich eine Teilung vorzunehmen, werden Sie dafür mit einer einzigartigen Farben- und Formenvielfalt belohnt.

Auch heute noch sind Staudengärten zeitgemäß – schließlich kommt ihre Schönheit einfach nicht aus der Mode! Sie machen nicht so viel Arbeit wie andere Blumengärten, und dennoch gibt es in Bezug auf Form und Farbgestaltung kaum Einschränkungen. Stauden sind wandelbar, geduldig und ausdauernd und dadurch ganz nebenbei auch ein gesunder Gegenpol zum hektischen modernen Leben.

Weil es so leicht ist, seinen Garten
barrierefrei zu gestalten

Personen, die im Rollstuhl sitzen, wird es häufig nicht leicht gemacht, sich in Gärten ebenso frei zu bewegen wie Leute mit uneingeschränkter körperlicher Mobilität. Während heutzutage die meisten neuen öffentlichen Gebäude barrierefrei konzipiert werden, besteht bei älteren Häusern und Grünanlagen oft nicht einmal ein behindertengerechter Zugang. Entsprechend sind gerade Rollstuhlfahrern viele Orte, die der Unterhaltung und Entspannung dienen, versperrt. Wie begrenzt die Möglichkeiten eigentlich sind, fällt einem aber meist erst auf, wenn man selbst im Rollstuhl sitzt oder in engerem Kontakt mit gehandicapten Personen steht.

Wie schön, dass es so (verhältnismäßig) einfach ist, seinen Garten barrierefrei zu gestalten, sodass er auch Familienmitgliedern und Besuchern, die im Rollstuhl sitzen oder beispielsweise einen Gehstock benötigen, offensteht. Es sind vor allem die Kleinigkeiten, auf die man achten muss und die Nichtgehbehinderte meist nicht einmal bemerken, bis man sie darauf aufmerksam macht. Beispielsweise muss das Gartentürchen breit genug sein. In vielen älteren Gärten fehlen nur ein paar Zentimeter, um einem Rollstuhl Durchlass zu gewähren – ein paar Zentimeter, wegen denen der Garten für eine ganze Menschengruppe unerreichbar ist. Auch ebene Gartenwege, wenn möglich befestigt, erleichtern Menschen, die nicht ihre eigenen zwei Beine benutzen können, den Zugang zu bestimmten Gartenbereichen immens. Das heißt natürlich nicht, dass Sie Ihren gesamten Garten plattwalzen sollten, aber ein paar geebnete Wege zu den wichtigsten Orten in Ihrem grünen Paradies können ziemlich problemlos rollstuhlgerecht ausgebaut werden. Wenn Sie einen richtigen

»Rollstuhlgarten« konzipieren wollen, sollten Sie außerdem darauf achten, dass Sie auch Zwergbäume pflanzen, da sich der interessante Teil dieser Gewächse für Rollstuhlfahrer direkt auf Augenhöhe befindet. Hochbeete ermöglichen es, auch im Sitzen am Garten mitzuarbeiten.

Wer wenig Geld für größere Maßnahmen hat, kann sich am Anfang auch darauf beschränken, mittelhohe und hohe Stauden anzupflanzen, die ebenfalls in Sitz-Augenhöhe liegen. Und das Anlegen von Hügelbeeten erfordert zwar deutlich mehr Arbeit als Hochbeete, dafür ist es aber auch viel billiger, da keine Bauarbeiten notwendig sind, und gleichzeitig schaffen sie Zugang zu den Pflanzen, da sie das Bodenniveau erhöhen. Außerdem können sie vollständig aus organischem Material hergestellt werden, das jedem Gärtner reichlich zur Verfügung steht. Und wer wenig Geld und zudem noch kaum Zeit hat, der kann mit ein paar großen Töpfen voller leuchtend bunter, duftender Blühpflanzen immerhin einen Minigarten auf Rollstuhl-Sichthöhe zusammenstellen.

Machen Sie Ihren Garten zu einem Ort, an dem wirklich jeder seine Nische findet! Schließlich sollte er ein Ort der Gemeinschaft sein, und keine Festung!

Weil Apothekergärten
so lehrreich sind

Als ich in Krems arbeitete, entdeckte ich eine Apotheke, die eine große Faszination auf mich ausübte, weil sie auf einem Grünstreifen direkt an einer der Hintergassen einen Apothekergarten angelegt hatte. Die Gewächse waren sorgfältig beschriftet, und die Passanten mussten sich einfach nur über den kleinen Zaun lehnen, um an den Blättern zu reiben und den Duft der Pflanzen auszukosten. Viele Menschen entdeckten durch diesen Garten, wie die Kräuter aussahen, aus denen die Heilmittel zubereitet wurden, die in der Apotheke angeboten wurden. Heute gibt es den Garten mit großer Sicherheit nicht mehr, weil in Krems mittlerweile wie in den meisten Städten jeder Quadratzentimeter Baufläche Gold wert ist. Aber nichts spricht dagegen, sich einen dieser faszinierenden Gärten zu Hause oder als Gemeinschaftsprojekt anzulegen.

Bei der Planung eines Apothekergartens sollten man vor allem daran denken, auch unbekanntere Kräuter wie Frauenminze oder Balsamkraut *(Tanacetum balsamita)* anzubauen, das genauso riecht wie Juicy-Fruit-Kaugummi, aber unendlich bitter schmeckt. Auch Echter Alant *(Inula helenium)*, der als Hustenkraut gute Dienste leistet, oder weniger bekannte Wildpflanzen wie Baldrian *(Valeriana officinalis)* und Blutwurz *(Potentilla tormentilla)* sollten ihren Platz im Apothekergarten haben. Aus solchen Gewächsen lässt sich viel lernen, und Besucher können einiges über die medizinische Wirkweise unbekannter Pflanzen erfahren.

Aber Apothekergärten sind nicht nur lehrreich – sie sind auch praktisch, denn so hat man immer die Zutaten für Kräuterheilmittel, Tinkturen und Salben zur Hand. Wenn Sie Kräuterteemischungen herstellen möchten, um sie zu verkaufen, ist ein Apothekergarten meist nicht geeignet, da aufgrund der Vielfalt der angebauten Kräuter von keinem genug zur Hand ist. Aber für die Versorgung Ihres direkten Umfelds mit Heiltee dürfte es durchaus reichen.

Doch auch, wenn Sie sich nicht sonderlich für Medizin interessieren, ist das Prinzip von Apothekergärten eine tolle Sache. Denn auch aus einem kleinen »Ausstellungsgarten« kann man eine Menge lernen. Wie wäre es beispielsweise mit einem Minzengarten? Es gibt unendlich viele Minzesorten, und die meisten Menschen haben keine Ahnung, dass ein einziges Kraut so vielfältig sein kann. Da Minzen eine Menge Blattmasse produzieren, können Sie jedem einzelnen Besucher erlauben, Blättchen abzuzupfen und den geruchlichen Unterschied beispielsweise zwischen Eau-de-Cologne-Minze und Kampferminze zu erleben oder herauszufinden, ob er für ein Kompott eher Orangen- oder Apfelminze verwenden würde. Auch Basilikum zählt zu den Heil- und Küchenpflanzen, die eine unendliche Vielfalt aufweisen: Heiliges Basilikum, Kampferbasilikum, Kleinblättriges Basilikum, Großblättriges Basilikum, Rotes Basilikum, Krauses Basilikum, Purpurbasilikum, Lakritz-, Zitronen-, Anis- und Zimtbasilikum sowie Thailändisches, Griechisches, Zypriotisches, Russisches, Kubanisches und Afrikanisches Basilikum können Pflanzeninteressierte ganz schön in Erstaunen versetzen.

Ein paar kleine Tipps für den Anfang: Basilikum keimt nur, wenn es warm genug ist. Außerdem ist es ein Lichtkeimer und darf bei der Aussaat nicht unter Erdschichten versteckt werden. Außerdem stirbt Basilikum am Ende des Jahres ab und muss für das nächste Jahr wieder vorgezogen werden. Unter günstigen Bedingungen gehen manchmal aber auch einige Samen im Freiland auf. Minzen kommen jedes Jahr wieder, allerdings müssen Sie verhindern, dass sie Samen ansetzen, weil sich sonst die Sorten kreuzen und ein heilloses Durcheinander entsteht. Es empfiehlt sich auch, Minzenpflanzen in einem alten Eimer ohne Boden ins Erdreich zu setzen, damit sich die Ausläufer nicht mit den anderen Pflanzen vermischen.

Weil ein Garten auch ohne viel Arbeit gedeihen kann

Wir alle durchleben manchmal Phasen, in denen wir einfach nicht viel Zeit haben, uns um einen Garten zu kümmern. Vielleicht haben Sie gerade zwei kleine Kinder, die eine Menge Aufmerksamkeit fordern, oder Sie arbeiten Tag und Nacht – oder beides gleichzeitig. Oder sie stecken in der sogenannten Sandwichsituation und müssen sich parallel um ihre bettlägerigen Eltern und Ihren Nachwuchs kümmern.

Doch es gibt gute Nachrichten: Auch in solchen Phasen Ihres Lebens müssen Sie nicht auf das Vergnügen eines Gartens und die Ruhe und den Frieden, den man dort findet, verzichten. Denn es gibt Gärten, die auch ohne endlose Arbeit prächtig gedeihen. Allerdings müssen Sie bei all diesen Gartenformen damit leben, dass Ihr grünes Paradies nicht immer völlig picobello aussieht und Ihre spießigen Nachbarn vielleicht ab und an die Nase rümpfen werden.

Ein kleiner Trick zur Arbeitsersparnis ist beispielsweise eine dünne Mulchschicht. Bei allzu feuchtem Klima ist eine wirkliche dicke Schicht natürlich keine sonderlich gute Idee – aber wenn Sie *nach* einem ordentlichen Regenguss dünn Mulch auf den Boden geben, verbleibt die Feuchtigkeit im Boden, auch wenn Sie nicht so oft Zeit zum Gießen finden, wie Sie gern würden.

Eine weitere Methode, die Gartenarbeit zu reduzieren, ist das Pflanzen von Obstbäumen: Sie nehmen zwar viel Raum ein, brauchen aber nur wenig Aufmerksamkeit und sehen hübsch aus. Die wenige Pflege, die sie fordern, kann dann erfolgen, wenn Sie Zeit haben. Nur in der Erntezeit sollten Sie sich helfende Hände suchen – aber während des restlichen Jahres können Sie alle Arbeit bequem an Ihren Terminkalender anpassen. Äpfel,

Birnen, Zwetschgen und Kirschen bieten sich am meisten an, weil sie in der Regel dicke Ernte tragen, solange sie im Frühjahr keinen Spätfrost abbekommen. Die kälteempfindlicheren Arten sind meist pflegeintensiver, weshalb sie nicht wirklich geeignet sind für Gärtner mit Zeitnot. Mit Obstbäumen folgen Sie übrigens auch einer alten Tradition: Früher pflanzte man immer einen Obst- oder Nussbaum oder wenigstens eine Rosskastanie als »Hausbaum« in den Garten, um dem Gebäude Schatten zu spenden.

Auch um Johannis- und Stachelbeeren braucht man sich nur wenig zu kümmern, solange Sie beim Pflanzen nur mindestens einen Meter Abstand zwischen den einzelnen Gewächsen lassen und unter den Büschen Rasen mähen, damit das Unkraut nicht zu üppig wuchert.

Die meisten Gemüsearten sind ausgesprochen pflegeintensiv, doch ein paar wenige gibt es, die wenig Arbeit machen, aber gleichzeitig eine Menge Nahrung produzieren. Zucchini und andere Kürbisarten beispielsweise bedecken den Boden großflächig mit hübschem Grün und können große Früchte produzieren, unterdrücken dabei aber gleichzeitig die Unkrautbildung. Viele Gemüsesorten, beispielsweise Salat, Spinat und Gartenmelde, säen sich auch ganz von selbst aus, solange man die Samenausbildung nicht verhindert. Auch Buschbohnen fordern wenig Aufmerksamkeit und bringen meist eine gute Ernte. Karotten und Rüben hingegen müssen mühsam vereinzelt werden, und Kohl- und Zwiebelsorten bringen zwar viel Erntemasse hervor, werden dafür aber auch schnell von Unkraut überwuchert. Wenn Sie gern Tomaten züchten wollen, sollten Sie sich bei Zeitknappheit für Busch- und Cherrytomatensorten entscheiden, da sie im Gegensatz zu anderen Sorten meist auch ohne Anbinden und Ausbrechen gedeihen.

Sehr dankbar sind auch die meisten Kräuter. Ähnlich wie Blumenstauden müssen sie nicht jedes Jahr neu gepflanzt werden.

Unter den Stauden gehören übrigens die Pfingstrosen zu meinen Lieblingen, weil sie so spektakulär blühen, wenn auch nur für kurze Zeit.

Auch auf Blumen muss der »faule« Gärtner nicht verzichten: Einige einjährige Blumen wie einjähriger Rittersporn, Ringelblumen, Bechermalven, Kapuzinerkresse, Jungfer im Grünen, Cosmeen, Mohnsorten und Sonnen- und Studentenblumen gedeihen üppig von allein, solange man den Sämlingen nur genügend Wasser gibt, bis sie sich etabliert haben. Da sie mit Begeisterung Samen ausbilden, werden Ihre Beete außerdem auch im nächsten Jahr farbenfroh blühen, ohne dass Sie etwas dafür tun mussten. Allerdings sollten Sie sich darauf einstellen, dass auch an eher unerwarteten Orten plötzlich Blumen in die Höhe schießen könnten.

Ähnlich ist es mit den einjährigen Blattrosetten der Zweijährigen wie Stockrose, Nachtkerzen und Nachtviolen – doch man muss lernen, sie zu erkennen und nicht im ersten Jahr aus Versehen auszureißen. Lässt man sie in Frieden, säen sie sich bereitwillig neu aus und produzieren alle zwei Jahre wunderschöne Blüten.

Das sind nur einige der Tricks, die ich in der Zeit gelernt habe, als ich Vollzeit berufstätig war, ein Kind hatte, ein großes Haus und einen Garten versorgte und auch noch zur Arbeit pendeln musste. Erstaunlicherweise ging es meinem Garten auch dann bestens, wenn ich mal ein oder zwei Wochen fort war oder krank im Bett lag. Natürlich sah es nicht immer so ordentlich aus, wie ich es mir gewünscht hätte – aber die Pflanzen gediehen, alles blühte, und außerdem gab es regelmäßig Obst und Gemüse zu ernten.

Weil man sich nicht entscheiden *muss*

Es ist schon erstaunlich, vor wie vielen Möglichkeiten man steht, wenn man sich einen Garten zulegt. Soll es ein Gemüsegarten sein oder doch lieber ein Ziergarten? Wollen Sie Ihr Haus mit einem Bauerngarten umgeben, oder ist Ihnen doch eher nach einem Heilkräuteridyll? Oder kochen Sie gern und wollen lieber selbst gezüchtete Küchenkräuter zur Hand haben?

Glücklicherweise sind die meisten Pflanzen so vielfältig, dass man sich überhaupt nicht entscheiden muss: Viele Heilkräuter beispielsweise machen sich auch im Kochtopf gut und tragen so hübsche Blüten, dass sie sich auch als Gartenzierde eignen. Auch viele andere Nutzpflanzen haben eine Menge Vorzüge, die man erst auf den zweiten Blick erkennt. Ich persönlich habe ein Faible für Pflanzen mit verschiedenen Verwendungsmöglichkeiten, die wahlweise im Gemüse- oder im Blumengarten angebaut werden können. Zu meinen Favoriten zählt die Gartenmelde, die in sehr kurzer Zeit unglaublich viele Blätter hervorbringt. Sie schmecken hervorragend, wenn man sie als Spinatgemüse zubereitet, und die überschüssigen Blätter und Stängel können ans Vieh verfüttert werden. Wenn die Pflanzen aussamen, dann im großen Stil: Sie bringen pfundweise Saatgut hervor, das zwar nicht sehr lange haltbar ist, dafür aber guten Gewissens getauscht oder verschenkt werden kann – schließlich hat man ja mehr als genug. Zudem machen sich die samentragenden Stängel wunderschön als rote, lilafarbene, gelbgoldene oder grüne Dekoration in Blumenarrangements.

In den ersten Gartenjahren empfiehlt es sich sowieso, eine eher abwartende Haltung einzunehmen, was die Gartengestaltung angeht. Zunächst sollte man einfach ein wenig Grünzeug für die Küche anbauen, während man eigene Erfahrungen mit dem Mikroklima und den Bodenverhältnissen sammelt und mit Blumen und Kräutern experimentiert. Denn meist stellt sich erst nach den ersten ein oder zwei Lehrjahren heraus, welche Gärten man wirklich mag. Ich zum Beispiel fing mit Gemüse- und Obstgärtnern im großen Rahmen an, weil damals das Geld besonders knapp war und es in den Wintermonaten im Laden kaum wirklich gutes Gemüse zu kaufen gab. Mit der Zeit tendierte ich dann aber immer mehr zum Alleskönnergarten, wo es dauerhaft etwas zum Ernten gibt, Blumen und Kräuter aber dennoch um die Wette florierten. Crossover zwischen Zier-, Wild- und Nutzpflanzen werden deswegen immer einen besonderen Platz in meinem Gartenherzen haben.

Mit Ihren Gartenjahren werden Sie merken, dass kaum eine Pflanze nur einen einzigen Zweck erfüllt – Ihr Garten kann alles zugleich sein, wenn Sie nur wissen, was Ihre Pflanzen alles können.

Weil Bauerngärten wieder im Kommen sind

Kaum eine andere Gartenart weckt heutzutage so viele sehnsüchtige und romantische Gefühle in uns wie die Vorstellung vom »Bauerngarten«, die unter Leuten mit dem grünen Daumen im Augenblick richtiggehend schick ist. Ein Häuschen im Grünen mit Bauerngarten – ja, das wäre schon was Tolles, ein regelrechter Traum. Damals, als die Welt noch in Ordnung war und alles viel, viel besser war, hatten schließlich alle Menschen auf dem Lande hübsche, niedliche kleine Bauerngärtchen und verbrachten viel Zeit zwischen ihren dauerblühenden Bäumen und Blumen ...

Benebelt von Wüstenrot-Reklame, neigen wir dazu zu vergessen, dass das Bauernleben von damals nicht einmal im Entferntesten etwas mit den Heile-Welt-Vorstellungen gemeinsam hatte, die wir uns heute davon machen. Natürlich gab es damals Bauerngärten, aber sie bestanden aus einer relativ kleinen Auswahl von Pflanzen und dienten vornehmlich dazu, etwas Essbares für die Küche zu produzieren. Die Arbeit im Bauerngarten wurde von der Bäuerin ganz »nebenbei« erledigt, zwischen Kinder- und Altenpflege, Kochen, Putzen und Feldarbeit. Dementsprechend sahen diese Bauerngärten oft auch eher wie Nutzgärten aus (auch wenn viele Bäuerinnen natürlich durchaus eine Vorliebe für Buntes, Vorzeigbares und Blühendes hatten). Als ich nach Niederösterreich zog, habe ich anfangs noch einige ursprüngliche kleine Bauerngärtchen finden und fotografieren können. Doch heute sind sie so gut wie verschwunden, und die ehemaligen Bauerndörfer werden mehr und mehr zu Pendlerstädtchen, komplett mit Jägerzaun, Zierrasen, Koniferen und Miniplanschbecken.

Sollten Sie aber Interesse daran haben, Elemente der traditionellen Bauerngärten in Ihr grünes Paradies zu integrieren, dann können Sie mit wenig Aufwand eine »zeitgemäße« Variante dieser hübschen Nutzgartenart umsetzen. Die Gärten von früher waren meist relativ klein und überschaubar, da sie vor allem eines *nicht* sein sollten: zeitraubend. Die meiste Arbeit machten meist die Umrandungen aus kleinen Buchsbaumhecken und die Zaunkonstruktion. Von der Form her orientierten sich die alten Bauerngärten meist an einem recht symmetrischen Quadrat, das natürlich je nach örtlichen Gegebenheiten auch gestaucht werden konnte. Dieses Quadrat wurde dann in vier gleichgroße Beete aufgeteilt, in deren Zentrum sich manchmal ein Mittelbeet, Rondell oder Ähnliches befand.

Wer sich Arbeit sparen möchte, der kann anstelle der Buchsbaumhecke auch einen Rasenstreifen benutzen, der allerdings immer kurzgehalten werden sollte, damit er sich optisch vom bunten Durcheinander des Bauerngartens unterscheidet. Eine weitere relativ pflegeleichte Unterteilungsmöglichkeit sind halbhohe, weiße Beeteinfassungs-Zierzäune aus geflochtenem Metall. Denn sie stechen nicht nur farblich zwischen all dem Grün hervor, sondern sind auch noch schnell gesteckt, recht widerstandsfähig und bieten den Pflanzen Halt.

In die Mitte der Beetanlage kann man seinen Lieblingsbusch, z. B. eine Buschrose, eine Statue oder ein kleines Rondellbeet mit den schönsten halbhohen Blumen setzen. Die umliegenden Beete können bunt durchmischt bepflanzt werden. Allerdings muss darauf geachtet werden, dass das Gemüse nicht von den Blumen unterdrückt wird, sondern genügend Platz hat, sich gut zu entwickeln. Sobald ein Plätzchen frei wird, werden einfach Jungpflanzen nachgesetzt. Mit dieser Pflanzmethode kann man fast das ganze Jahr über etwas für die Küche ernten und sich nebenbei auch noch unentwegt am eigenen kleinen »Bauerngärtchen« erfreuen.

11

DER GARTEN ALS KUNSTATELIER

Weil er wie eine mehrdimensionale Leinwand ist

Wer zum ersten Mal vor seiner ganz eigenen, weitläufigen Grünfläche steht, kann vor lauter Verzückung schnell mal vergessen, dass sich der Garten nicht nur in die Horizontale, sondern auch in die Vertikale erstreckt. Doch mithilfe von Himmelstürmern wie Hängekörben und Kletterpflanzen lässt sich ein richtiggehend grüner *Raum* erschaffen, in dem Sie sich nach Lust und Laune austoben können. Hauswände und Mauern können durch Kletterpflanzen begrünt oder durch Spalierobst veredelt werden. Strategisch gepflanzte Obstbäume werfen aus der Höhe Schatten auf empfindliche Pflanzen und verleihen Ihnen durch ihr üppiges Blätterdach im Sommer das Gefühl, in einer grünen, lichtdurchfluteten Höhle zu sitzen. Ein »Hausbaum« wie etwa Rosskastanie oder Walnuss sorgt für ein angenehmes Plätzchen für Veranstaltungen, Familientreffen oder einfaches Faulenzen. Auch durch die Hilfe von Gerüsten und Kletterhilfen bekommt Ihr Garten so etwas wie ein »zweites Stockwerk«. Auf Regalen und in Hängekörben lassen sich Topfpflanzen züchten, und wer sich größere Ziele stecken will, der kann sich an einem Rosenbogen oder einem selbst gezimmerten Laubengang versuchen – und schon hat Ihr Garten ganz neue und ungeahnte Dimensionen!

Weil Protest auch
farbenfroh sein kann

Hand aufs Herz: Hat die Vorstellung, sich klammheimlich in die legale Grauzone zu begeben, indem man ausgerechnet Blumen, also das wirksamste Friedenssymbol überhaupt, pflanzt, nicht etwas unglaublich Romantisch-Verlockendes an sich? Es mag ja Leute geben, die sich erst mächtig und stark fühlen, wenn sie etwas zerstören können. Aber wahre Macht liegt doch eigentlich darin, Leben zu erschaffen und etwas Konstruktives zu leisten – beispielsweise, indem man Pflanzen an Orten wachsen lässt, von denen sie vor langer Zeit vertrieben wurden. Und das Schönste daran ist, dass man mit dieser Form des Protests gegen den Status quo wirklich absolut nichts und niemandem schadet.

Meine erste Erfahrung mit dem Guerillagärtnern machte ich in Austin, Texas, und zwar lange, bevor es den Begriff überhaupt gab. Texas war damals (wie, nebenbei bemerkt, auch heute) eine Hochburg der Konservativen, und kaum jemand hatte Verständnis für all diese brandneuen Ideen, die damals aus dem fruchtbaren Boden jugendlicher Rebellion schossen wie die Setzlinge. Einige dieser jungen Rebellen fanden, dass es an der Zeit sei, die Welt der Lokalpolitik mal ein bisschen aufzurütteln, und verteilten Tausende von Hanfsamen in dem bis in den letzten Millimeter gestutzten und gemähten, beschnittenen und gedüngten Park vor dem Capitol, dem Hauptgebäude der Staatsregierung. Wenig später schossen Hunderte winziger Marihuanapflanzen aus dem Rasen – und die Regierenden waren erst mal sprachlos, weil sie einfach nicht fassen konnten, dass jemand direkt vor ihren Augen zu einer solchen »Freveltat« in der Lage gewesen war.

Mittlerweile ist Guerillagärtnern ein regelrechter Trend und wird in mehr als dreißig Ländern praktiziert. Es gibt sogar eigene Organisationen, die ungewöhnliche (und unauffällige) Methoden zum Aussäen perfektioniert haben. Eine von ihnen, die den klangvollen Namen Greenaid trägt, vertreibt sogenannte Samen-»Kugeln«, die aus Lehm, Kompost und Samen bestehen. Man kann sie in den USA in einigen Städten gegen eine Spende von 50 Cent aus alten Kaugummiautomaten ziehen und sie in ungenutzten urbanen Winkeln wie leeren Hinterhöfen oder kargen Grünstreifen »einpflanzen«. Andere Guerillaorganisationen stellen Samen-»Bomben« zur Verfügung oder erklären, wie man selbst welche herstellen kann, die man dann wie Handgranaten auf Brachflächen schmeißen kann. Eine Menge Anleitungen und Informationen können Sie auf guerrillagardening.org finden.

Mittlerweile hat sich das Guerillagärtnern so sehr etabliert, dass es den 1. Mai zu seinem eigenen Feiertag erklärt hat, genauer: zum Internationalen Tag des Sonnenblumen-Guerillagärtnerns. Auf öffentlichen Flächen auf der ganzen Welt pflanzen an diesem Tag Guerillaaktivisten Sonnenblumen aus, während andere den Asphalt verschönern oder sich nachts zu Gärtner-Flashmobs versammeln und ganze »Instant-Gärten« an stark frequentierten öffentlichen Plätzen aufbauen.

Doch beim Guerillagärtnern geht es nicht nur um die Verschönerung von Städten: In vielen Fällen wird das ungenutzte Land auch einfach für den Anbau von essbarem Obst und Gemüse genutzt. In ärmeren Regionen und in Dritte-Welt-Ländern sind solche Gärten für manche Menschen überlebenswichtig, weil sie der Stadtbevölkerung, die sich gesunde Nahrungsmittel kaum mehr leisten kann, eine Möglichkeit bieten, selbst Essen anzubauen und zu ernten.

Doch ganz gleich ob aus Rebellion, Pflanzenliebe oder der Not geboren: In allen Fällen bringt Guerillagärtnern Farbe und Freude an triste Orte.

Weil ein wildes Blütenmeer
so inspirierend ist

Wer einen Blumengarten anlegen möchte, kann natürlich den Weg sorgfältiger Planung und akribischer Beachtung der Pflanzregeln wählen – oder er beschreitet den Weg der Anarchie: Durch zielloses, großflächiges Ausstreuen von Blumensamen sind schon die schönsten Blumenwiesen entstanden! Und weil solche verrückten Farbexplosionen so ein Augenschmaus sind, sind Wildblumenmischungen in den letzten Jahren immer beliebter und deswegen leicht erhältlich geworden.

Am leichtesten lässt sich so ein Blütenmeer erschaffen, indem man vornehmlich Samen von ein- und zweijährigen Pflanzen aussät. Diese verteilen ihre Samen ganz von selbst, trotzdem hat man aber eine Chance, am Ende des Gartenjahres die Beete zu säubern, sodass sie nicht von Unkraut überwuchert werden. Denn natürliche Anarchie hin oder her: Wer sich für »Chaos-Säen« entscheidet, sollte dabei nicht vergessen, dass trotzdem Unkraut gejätet werden muss. Sonst haben die Wildblumen im nächsten Jahr nämlich keine Chance mehr, sich durchzusetzen.

Da viele Wildblumen gelb sind, sollten Sie darauf achten, dass Sie auch die etwas selteneren weiß- und blaublühenden Pflanzen berücksichtigen. Sehr beliebt sind einjährige Ritterspornmischungen, da sich diese meist aus Samen für blaue, weiße und rosafarbene Blüten zusammenstellen. Außerdem ist der Einjährige Rittersporn eine ziemlich dankbare Blume, weil er in Sachen Klima ausgesprochen anpassungsfähig ist. Aber auch unzählige andere Arten und Sorten eignen sich für die Breitsaat: Ringelblumen und Mohn, Bechermalven und Sonnenblumen, Löwenmäulchen und Zinnien werden Ihren Garten in den reinsten Regenbogen verwandeln! Leuchtende

Farbtupfer in einem solchen Blütenmeer bilden feste Pflan-
zungen von Mehrjährigen, zum Beispiel Pfingstrosen, Schwert-
lilien, Schafgarben und in die Höhe wachsenden Wildrosen.
Sie werden kaum glauben, wie glücklich Sie der Anblick dieses
bunten Durcheinanders machen wird!

Weil es kein schöneres Kunstwerk als einen Schmetterlingshimmel gibt

Als ich ein Kind war, sammelten wir die Raupen eines großen Nachtschwärmers ein, steckten sie in ein Glas, fütterten sie mit frischen Blättern und beobachteten, wie sie sich verpuppten. Danach hieß es: Warten, warten, warten! Doch irgendwann kam immer der Morgen, an dem plötzlich ein wunderschöner Schmetterling seine Flügel spannte!

Es gibt vermutlich keine ätherischere, flatterhaftere Kreatur, die Ihren Garten besuchen wird, als den Schmetterling. Manchmal fliegen die bunten Luftikusse Hunderte von Kilometern weit, nur um Ihre Pflanzen zu besuchen! Sie ernähren sich von Nektar, bestäuben sich dabei mit Pollen, fliegen weiter zur nächsten Pflanze und übertragen dabei die Pollen – oder auch nicht. Bei Schmetterlingen kann man nie wissen! Sie sind immer auf dem Sprung, halten selten länger als einen Wimpernschlag still und flattern wie kleine Farbblitze durch die Landschaft.

Manche von ihnen betreiben Mimikry und verschwinden förmlich zwischen Pflanzen und Blumen. Aber die meisten von ihnen leuchten so bunt, dass sie förmlich bewegliche Muster in den Garten zu malen scheinen.

Da Schmetterlinge bestimmte Pflanzen besonders gern mögen, kann man sie richtiggehend anlocken. Wenn Sie möchten, dass die Falter in Ihrem Garten schlüpfen, sollten Sie Brennnesseln anbauen – die sind neben Kleearten, Brombeeren, Faulbaum, Natternkopf, Wegerich und Geißblatt nämlich der absolute Liebling von Raupen. Eine Ausnahme bilden allerdings die Schwalbenschwanzraupen, die Doldenblütler wie Fenchel, Anis, Dill, Liebstöckl und Pastinak bevorzugen.

Wer nicht abwarten will, bis die Schmetterlinge von selbst in seinen Garten finden, kann auch bewusst nach Raupen suchen und sie zusammen mit ein paar Brennnesselblättern oder ihren Futterpflanzen in einem Einmachglas nach Hause transportieren. Verschließen Sie das Glas am besten mit einem locker gewebten Stofftuch, zum Beispiel aus Mull, und einem Gummiband. Ist der Schmetterling geschlüpft, können Sie ihn freilassen, sobald seine Flügel trocken sind.

Wenn Sie auf Dauer »erwachsene« Schmetterlinge in Ihrem Garten ansiedeln wollen, sollten Sie Nektarpflanzen anbauen. Sie sind die Schmetterlingsleibspeise Nummer eins. Wenn Sie gleichzeitig auch noch genug Nahrung für die Raupen zu bieten haben, können Sie mehr oder minder fest (wie gesagt, bei Schmetterlingen kann man nie wissen) damit rechnen, dass die Insekten bei Ihnen sesshaft werden. Besonders gern mögen sie Süßdolde, Wasserdost, Herbstaster, die verschiedenen Distelarten, Mondviolen, Sommerflieder (Buddleja), Lichtnelken, Dost und Thymian. Sollten Sie auch Nachtfalter interessant finden: Diese ernähren sich bevorzugt von Pflanzen, die im Dunkeln blühen, so wie Nacht-Levkojen, Nachtkerzen und Nachtviolen.

Sie sehen: Je farbenfroher Ihre Beete, desto farbenfroher wird auch der Himmel über Ihrem Garten sein!

Weil man mit Blumen so farbenfrohe »Bilder« malen kann

Mit Blumen zu arbeiten ist eigentlich nicht viel anders, als Kunstmaler zu sein – und zwar einer mit einer riesigen Farbpalette! Sie können Ihren Garten genauso wie ein Gemälde gestalten – und wie in der Kunst gibt es auch beim Gärtnern verschiedene Stile.

Die meisten konventionellen Gärtner spazieren einfach in den Baumarkt oder das Gartencenter und kaufen Pflanzen in den gewünschten Farben, die sie dann in Reihen oder kleinen Gruppen anpflanzen. Das Ergebnis kann sich meistens sehen lassen, außer der Gärtner hat zufällig ein Faible für Knallorange-Neonrosa-Kombinationen mit ein paar Tupfern strahlend silbernem Weißfilzigem Greiskraut *(Senecio cineraria)*. Etwas steril können solch akkurate Gartengemälde aber schon wirken, und meist tauchen relativ wenige Farbschattierungen und fast nur Primärfarben auf.

In diesem Punkt haben uns die Briten als Gärtnervolk Nummer eins so einiges voraus: In den feineren englischen Gärten nutzt man oft sehr ausgetüftelte, farbbasierte Pflanzmuster – man sehe sich nur einmal den berühmten weißen Garten von Sissinghurst Castle oder Beth Chattos »Grüne Tapeten« an. Staudenrabatten werden dort sorgsam nach Größe, Form und Blütenfarbe angeordnet, und britische Wildgärten werden häufig mit ungewöhnlichen, leuchtenden Blautönen bepflanzt. In traditionellen englischen Cottage-Gärten finden sich oft wunderbar feinsinnig zusammengestellte Farbkombinationen – allein schon die Schattierungen der vielen Rosen, die man dort mit Vorliebe pflanzt, sind eine wahre Augenfreude.

In den meisten modernen kontinentaleuropäischen Gärten wird die Farbwahl leider eher aufs Geratewohl getroffen. In den traditionellen Schlossgärten gab es wenigstens noch Buchsbaumhecken als beruhigenden »Rahmen« für die häufig chaotischen Farbpflanzungen, doch diese werden immer seltener.

Ihr Gespür für Farbkombinationen und Ihr ganz persönlicher Blumengeschmack werden sich mit Ihren Gärtnerjahren ganz von selbst herauskristallieren. Ich selbst beispielsweise mag die Farbpalette rund um die Lila- und Lavendeltöne, im Herbst und zu Frühlingsanfang brauche ich aber eine ordentliche Portion fröhliches, leuchtendes Gelb. Wenn Sie Ihren persönlichen Garten-Kunststil entwickelt und Ihre Lieblingsfarben und -blumen entdeckt haben, sollten Sie aber nicht vergessen, dass eine Menge Grün nötig ist, um all die wunderbaren Farben so richtig hervorzuheben. Und auch die grünen Blätter kennen eine Menge verschiedene Farbtöne und Beschaffenheiten, mit denen sich ganz erstaunliche Effekte erzielen lassen. Experimentieren Sie! Denn für genau diese kleinen Freiheiten ist Ihr Garten da.

Weil das Spannungsverhältnis Wildnis
und Zivilisation so aufregend ist

Wer leidenschaftlich gern gärtnert, steht häufig vor der Qual der Wahl: Welche Pflanzen sollte man in ihrem Wachstum unterstützen? Welche sind schädlich? Gerade gartenbegeisterte Neulinge neigen dazu, der Entscheidung einfach aus dem Weg zu gehen und alles gedeihen zu lassen, was sich im Garten so ansiedelt. Dazu kommen dann noch die selbst gepflanzten Gewächse – und schon wachsen viel zu viele Pflanzen auf viel zu engem Raum. Wer nicht weiß, wohin das führt, sollte ein Experiment mit einem Päckchen Karottensamen machen: Säen Sie den gesamten Packungsinhalt aus und lassen Sie die Karottenpflanzen dann »einfach machen«, ohne sie auszudünnen. Ohne Ihre Hilfe hat das Wurzelwerk keinen Platz, sich zu entwickeln. Und obwohl Sie anfangs so viele schöne Karottenpflanzen im Garten hatten, werden Sie nicht mehr ernten als ein paar spiddelige Wurzeln und ausgetrocknetes Karottengrün.

Dieselben Fragen stellen sich auch bei allen Arten von Zierpflanzen: Lassen wir sie besser wild wachsen, sodass sie sich unbegrenzt vermehren können? Oder ist es vielleicht doch besser, einzugreifen und sie zu »kultivieren«, sodass sie mehr Blüten oder Früchte tragen und (im konventionellen Sinne) hübscher aussehen? Beide Ansätze haben ihre Vor- und Nachteile – und einen Platz in unseren Gärten. Gerade in Mitteleuropa haben sich allerdings die Ordnungsfans unter den Gärtnern durchgesetzt, weswegen es nicht schaden kann, dem »Chaosgärtnern« ein bisschen mehr Gewicht zu verleihen. Doch wofür Sie sich auch entscheiden mögen: Sie werden schnell feststellen, dass Gärten uns immer wieder vor Augen führen, dass wir nur bedingt ordnend (oder unordnend) in die Natur eingreifen können, genauso wie wir unsere »zivilisierten Zonen« nur bedingt vor der Kraft der Natur schützen können. Und das ist auch gut so.

»Wildes« Gärtnern kann die verschiedensten Formen haben: Ob Sie nun guerillagärtnern, Moosgraffiti erschaffen oder sich einem Gemeinschaftsgarten anschließen, ist eigentlich egal – Hauptsache, Sie haben Spaß bei der Sache und verbreiten ein bisschen buntes Chaos. Gerade in Städten, die nicht selten zu traurigen Betonwüsten verkommen sind, können farbenfrohe Blüteninseln eine wahre Augenfreude sein. Aufgrund der hohen Umweltbelastung sollten Sie sich in solchen Umgebungen für Wildblumenmischungen oder widerstandsfähige Pflanzen wie Sonnen- und Ringelblumen entscheiden. Sie sind echte Über-lebenskünstler und wirken förmlich wie ein Gegenmittel für die geraden, sterilen Linien, die moderne Großstädte dominieren.

Werden Objekte, die wir für einen Teil der von Menschen gestalteten Welt halten, mit Pflanzen begrünt, zieht der un-erwartete Anblick automatisch Aufmerksamkeit auf sich und verleitet so manchen Passanten dazu, erstaunt innezuhalten. Balkone, Dächer, Mülltonnen, Autos, Statuen, Bahntrassen, un-genutzte Zeitungsständer, Werbetafeln … die Johnny Appleseeds, Liz Christys und Richard Reynolds unserer Tage begrünen vom Menschen gezähmtes, karges und steriles Land mit leuchtenden Farbtupfern.

Doch auch in Privatgärten sollte das Chaos seinen Platz haben: Wenn Sie den Boden organisch anreichern, können die Pflanzen irgendwann Jahr für Jahr selbst wieder aussäen, sodass ein bun-tes Durcheinander an Farben, Formen und Düften entsteht. Da die meisten Menschen das Gefühl brauchen, in ihrem eigenen Zuhause »die Hosen anzuhaben«, empfinden wir solche Gärten allerdings meistens als noch schöner, wenn wir dem wilden Blü-hen Ordnungselemente in Form von Wänden, festen Pfaden und Rasenflächen entgegensetzen, ohne dem »chaotischen« Element entgegenzuwirken.

Probieren Sie einfach mal aus, ob es Ihnen gefällt, wenn auch Ihr Garten zu einem Spiegelbild des großzügigen und wundervollen Umgangs wird, den Mutter Natur mit Pflanzen hat: Lassen Sie die Pflanzen einfach gedeihen und sich selbst vermehren.

Weil zu jedem Bild auch ein Rahmen gehört

Wer sein »Gartenbild malt«, vergisst gern, dass ein gutes Bild erst in einem ebenso guten und sorgfältig ausgewählten Rahmen so richtig zur Geltung kommen kann. In einem farbenfrohen Blumengarten sind deswegen nicht nur grüne Bäume, Büsche und Hecken notwendig, damit die Blüten ihre Wirkung entfalten können, sondern auch Bauelemente, die es einerseits dem Beobachter ermöglichen, sich leichter durch den Garten fortzubewegen, und die andererseits die Farben umrahmen.

In vergangenen Zeiten dienten vornehmlich die guten alten Buchsbaumhecken der Unterteilung. Doch so hübsch das auch aussehen mag: Heutzutage hat kaum ein Gärtner mehr das Geld oder die Zeit, reihenweise Buchsbaumhecken zu pflanzen und zu pflegen. Es gibt aber auch andere, weniger aufwendige Methoden, Ihren Garten räumlich zu unterteilen: Wie wäre es beispielsweise mit einer »lebenden Hecke« aus blühenden Pflanzen, die den gesamten Garten umrahmt? Besonders gut eignen sich hierfür Sanddorn, Pfaffenhütchen, Kornelkirschen, Holunder, Schlehen, Feuerdorn und Spindelstrauch. Es gibt aber auch andere schnellerwachsende und weniger pflegeintensive Heckenpflanzen als Buchsbaum, wie beispielsweise Liguster und Kirschlorbeer, die Ihrem Garten optischen Halt verleihen können. Um einen reinen Blumen- oder Gemüsegarten herum geben auch Obstbäume und Beerenbüsche eine hübsche Begrenzung ab.

Bauelemente wie Pflasterwege sollten farblich möglichst auf den Garten abgestimmt sein, damit sie in der natürlichen Umgebung nicht allzu stark an das Wirken von Menschen erinnern. Meistens harmonieren Natur- und Backsteine ganz hervorragend mit den in der Natur dominierenden Farben. Holz und andere Naturmaterialien erzielen natürlich eine ähnliche unaufdringliche Wirkung. Wer wenig Geld hat, kann immer auf einfache Rasenwege zurückgreifen, die allerdings sorgfältig kurzgehalten werden sollten, damit sie als unterteilende Elemente zwischen verschiedenen Gartenteilen überhaupt noch auffallen. Zement und Beton wirken in ihrem eintönigen Grau zwischen all dem üppigen Grün meist wie Fremdkörper, weswegen ich solche Materialien im Garten als eher unpassend empfinde.

Mithilfe dieser Abgrenzungstechniken können Sie in Ihrem Garten mit optischen Illusionen arbeiten, die einzelne Bereiche Ihres grünen Paradieses in eine fast schon verzauberte Atmosphäre tauchen. Viele große Gartengestalter wendeten solche Mittel an und durchdachten die von ihnen gestalteten Grünanlagen so minutiös, dass sie förmlich in »Räume« unterteilt waren, in denen man immer nur einen kurzen Blick auf das erhaschen konnte, was einen hinter der grünen Wand im nächsten Raum erwartete, wodurch sie natürlich nur noch interessanter wurden. Entsprechend empfinden die Besucher solcher Gartenanlagen meist eine Art inneren Drang, immer weiter in die Tiefen des Parks vorzudringen, um herauszufinden, was für Geheimnisse er noch in sich birgt.

In diesem Ausmaß ist das in einem gewöhnlichen Privatgarten natürlich allein schon aus Platzgründen nicht mehr möglich. Aber im Kleinen kann dieser Trick trotzdem noch angewendet werden: Durch dichte Bepflanzung können Sie einzelne Gartenbereiche wie den Küchengarten, die Blumenrabatten oder den Teichbereich vor Blicken schützen.

Ich kann an dieser Stelle allerdings nur erneut darauf hinweisen, dass bei echten Bauvorhaben im Garten nichts so wichtig ist wie eine sorgfältige Planung. Falls Sie sich nicht hundertprozentig sicher sind, ob Ihr Plan Sinn ergibt und so aufgeht, wie Sie sich das vorstellen, warten Sie am besten einen Winter lang ab, um Ihre Vorstellungen sacken zu lassen und alles genau zu durchdenken!

Weil Kinder einen Ort brauchen, an dem sich ihre Fantasie entfalten kann

Es gab mal einen kleinen Jungen, nennen wir ihn Lukas, der das Gefühl hatte, in die falsche Familie hineingeboren worden zu sein. Er war überzeugt davon, dass seine Eltern ihn auf einem Sklavenmarkt in Marrakesch gekauft hatten, als sie vor zehn Jahren dort Urlaub machten. Er wusste ganz sicher, dass er in Wahrheit der Sohn des Königs von Bora-Bora war, aber von Piraten in einen Hinterhalt gelockt worden war, die ihn dann in die Sklaverei verkauft hatten, wo seine »Eltern« ihn schließlich aufgabelt hatten. Natürlich war niemand sonst über seine königliche Abstammung informiert, und er weigerte sich stur, all die würdelosen Tätigkeiten auszuüben, die diese Leute, die sich als seine Eltern bezeichneten, ihm zumuten wollten. Es muss wohl kaum erwähnt werden, dass seine Eltern ihn für ziemlich arrogant und schwierig hielten.

Das ging ein paar Jahre lang so, bis die Familie in eine kleine Wohnung umzog. Lukas fand das absolut inakzeptabel, weil er dort keinen Raum hatte, seine Fantasie schweifen zu lassen. Also fing er an, sich noch unmöglicher aufzuführen als vorher. Erst als er entdeckte, dass der Botanische Garten nur ein paar Meter die Straße hinauf lag, wendete sich sein Schicksal zum Besseren. Im Schatten eines gigantischen Brotfruchtbaums konnte er endlich wieder von seinem vergangenen Leben auf Bora-Bora träumen und dabei zusehen, wie riesige Schmetterlinge durch das Dschungelgrün flatterten.

Mit der Zeit gewöhnte sich Lukas an das Stadtleben, und seine Erinnerungen an Bora-Bora verblassten. Mädchen und Motorräder wurden viel wichtiger, und in den Botanischen Garten kam er nur noch selten. Aber wenn, dann fühlte er sich sofort zu

Hause. Denn hier war der Ort, an dem sich seine Fantasie frei durch Zeit und Raum bewegen konnte.

Wie Lukas geht es heutzutage nicht wenigen Kindern. Ich mag in dieser Hinsicht ein wenig altmodisch wirken, aber ich habe den Eindruck, dass das moderne Leben so sehr von Effizienz und dem bloßen Erledigen von Aufgaben erfüllt ist, dass wir manchmal vergessen, dass auch die Fantasie ein wichtiger Bestandteil unserer inneren Welt ist – und Fantasie braucht Ruhe und ein bisschen Inspiration, um richtig wirken zu können.

Besonders gilt das meiner Meinung nach für Kinder, die die erstaunliche Fähigkeit haben, mithilfe ihrer Fantasie selbst die schwierigsten Zeiten relativ unbeschadet zu überstehen. Aber das funktioniert nur, wenn sie einen Ort finden, an dem sie ihrer Fantasie wirklich freien Lauf lassen können. Und was könnte sich dafür besser eignen als der üppig grüne Raum eines Gartens?

Als ich selbst ein Kind war, gab es für mich nichts Schöneres, als einen italienischen Garten zu besuchen, der den geheimnisvollen Namen Ninfa trug. Ninfa war der Garten des Fürstenhauses Caetani, eingebettet in den Sabinischen Hügel unweit von Rom. Ninfa war der romantische Traum eines Kindes, ein Paradies mit vielen verschiedenen und einzigartigen »Gartenräumen«. Zwei von ihnen eigneten sich ganz besonders gut dazu, die Ereignisse in der »realen« Welt ein wenig zu relativieren. Bei dem einen handelte es sich um einen klaren, plätschernden Bach, ein winziger Strom gleich am Anfang des Gartens, über den sich eine zierliche Brücke spannte. Ich glaube, in meinem Kinderkopf verband ich die Szenerie mit einem meiner Lieblingsbücher: *Der Wind in den Weiden*. Ich war mir ziemlich sicher, dass einige der Figuren aus dem Buch die ganze Zeit irgendwo ganz in der Nähe versteckt waren. Am ehesten tippte ich auf den Bambuswald nahe dem Bach. Von der Brücke aus konnte man Bachsaiblinge sehen, die sich in der Strömung wiegten, und ich stellte mir vor, dass ich mich einfach bücken und ihre wedelnden Flossen berühren konnte.

Der zweite magische »Gartenraum« lag in den Schatten der Ruine einer Basilika, eines imposanten Gebäudes, dem die Geschichten vergangener Schlachten und romantischer Stelldicheins förmlich aus den Ritzen und Rissen im Mauerwerk trieften. Aber trotzdem war die Basilika wie durch ein Wunder ein unglaublich friedlicher Ort.

Heutzutage versuche ich, mich an diese Zeiten zu erinnern, und durchlebe sie in jedem Garten wieder. Vielleicht sind Gärten für mich deswegen noch immer so magische Orte.

Weil er die Poesie in uns weckt

Der Garten ist der letzte Luxus unserer Tage, denn er erfordert das, was in unserer Gesellschaft am kostbarsten ist: Zeit, Zuwendung und Raum, sagte der Schweizer Landschaftsarchitekt Dieter Kienast (1945–1998) – und wer in unserem multidimensionalen modernen Alltag viel um die Ohren hat und Verantwortung trägt, muss nicht lange nachdenken, um zu verstehen, was er damit meint.

Viele große Köpfe aus allen Epochen verliehen ihrer Liebe zu Gärten literarischen Ausdruck. Der berühmte englische Philosoph Bertrand Russell (1872–1970) fasste sein Verhältnis zu Gärten beispielsweise folgendermaßen zusammen:
Wenn ich mit einem intellektuellen Freund spreche, festigt sich in mir die Überzeugung, vollkommenes Glück sei ein unerreichbarer Wunschtraum. Spreche ich dagegen mit meinem Gärtner, bin ich vom Gegenteil überzeugt.

Doch nicht nur in unserer Kultur inspirierte das kleine Stückchen grüne Freiheit Poeten und Wissenschaftler zu Ausbrüchen der Begeisterung. Im Chinesischen beispielsweise gibt es ein Sprichwort, dessen Urheber mittlerweile unbekannt ist. Es besagt:
Wer einen Tag lang glücklich sein will,
der betrinke sich.
Wer einen Monat lang glücklich sein will,
der schlachte ein Schwein und esse es auf.
Wer ein Jahr glücklich sein will,
der heirate.
Wer ein Leben lang glücklich sein will,
der werde Gärtner.

Und auch die Japaner, die ja bis heute für ihre Gartenkunst bekannt sind, verliehen ihrem »Volkssport« literarischen Ausdruck. Denn dort heißt es:

Wenn du vergnügt sein willst, umgib dich mit Freunden,
wenn du glücklich sein willst, umgib dich mit Blumen,
und:
Willst du das Glück kennenlernen,
werde so still, dass du hörst, wie sich die Blüten öffnen.

Doch am blumigsten drückten es wohl die alten Perser aus:
Man muss nicht erst sterben, um ins Paradies zu gelangen, solange man einen Garten hat. Der Garten ist ein anderer Himmel mit Sternen aus Blumen!

So unterschiedlich diese Kulturen auch sein mögen: In allen scheint man davon ausgegangen zu sein, dass der Garten ein Ort der Erholung und des inneren Friedens ist. Oder, um es auf den Punkt zu bringen: dass er einfach glücklich macht.

Weil Barbarazweige den Winter verzaubern

Natürlich hat auch der Winter seine saisonalen Vorzüge und kann mit seinen dicken Schneedecken, klirrenden Eiszapfen und Abenden bei Kerzenlicht eine wunderschöne Jahreszeit sein.

Doch der wahrhaft passionierte Gärtner bläst im Winter häufig Trübsal – schließlich gibt es einfach nicht viel für ihn zu tun, und seine besten Freunde, die Pflanzen, befinden sich im Dauerschlaf, zumindest bis die ersten Schneeglöckchen ihre Köpfe durch den Schnee schieben.

Aber zum Glück gibt es selbst im Dezember noch eine Möglichkeit, Ihrem Garten ein paar Schönheiten abzuluchsen – und ganz nebenbei können Sie dabei auch noch Ihr Talent als wahrer »Magier mit dem grünen Daumen« unter Beweis stellen. Die Rede ist von Barbarazweigen, den wahrscheinlich schönsten, weil überraschendsten Blüten, die Ihr Garten (mit Ihrer Unterstützung) zu bieten hat.

Eigentlich müssen Sie gar nicht viel tun: Schneiden Sie einfach Zweige von blühfähigen Bäumen oder Büschen wie Apfel, Kirsche, Quitte, Schlehe oder Flieder und geben Sie sie in eine Vase, wenn möglich in eine große Bodenvase. Nun einfach Leitungswasser dazugeben, der Natur im warmen Zimmer ihren freien Lauf lassen, und Simsalabim!, haben Sie mitten im tiefsten Winter wie aus dem Nichts wunderschöne Blüten entstehen lassen. Denn die Pflanzen denken aufgrund der Temperaturumstellung, dass der Frühling bereits gekommen ist, und reagieren, wie Pflanzen es nun einmal tun, wenn der Lenz ruft: Sie wollen Blüten, Früchte und Samen produzieren. Mit etwas Glück und gutem Timing gelingt es Ihnen ja vielleicht sogar, für ein kleines Weihnachtswunder zu sorgen, wenn sich die Blüten an Heiligabend öffnen.

Dies sind nur 111 Gründe, seinen Garten zu lieben, und ich würde darauf wetten, dass Ihnen noch mindestens 111 weitere einfallen, wenn Sie Ihr grünes Paradies wirklich lieben.

Auf jeden Fall wünsche ich Ihnen für die nächste Zeit mindestens 111 wunderbare Stunden in Ihrem Garten, und viele Tausende noch wunderbarere Gartenerlebnisse in den kommenden Jahren.

DANKSAGUNG

Vielen Dank, vor allem an Sarah Heidelberger, die stets geduldig mit mir war, sowie an die Mitarbeiter der Arrowsmith-Agency. Ein herzliches Dankeschön auch an die Verlagsmitarbeiter Jennifer Kroll, Maren Konrad und Nadja Schreiber für ihr Engagement.

DIE AUTORIN

Nancy Arrowsmith hat die Gartenzeitschrift »kraut & rüben« gegründet und herausgegeben. Später rief sie »Arche Noah« ins Leben, eine Gesellschaft für Saatguterhaltung. In ihrem eigenen Biogarten, früher im niederösterreichischen Waldviertel, heute in der Hochwüste in den Bergen Arizonas, baut sie Obst, Gemüse und Blumen an. Sie ist ausgebildete Akupunkteurin mit eigener Praxis und Autorin zahlreicher Heilkräuterhandbücher.

Nancy Arrowsmith
111 GRÜNDE, SEINEN GARTEN ZU LIEBEN
Ein Loblied auf ein kleines Stück vom Paradies

ISBN 978-3-86265-000-2
© Schwarzkopf & Schwarzkopf Verlag GmbH, Berlin 2012
Lektorat: Sarah Heidelberger, Maren Konrad

Coverbilder: www.shutterstock.com | Bilder oben von links nach rechts: © oliveromg | © Gordon Swanson | © JanVlcek | Bilder unten von links nach rechts: © Subbotina Anna | © Fotokostic | V. J. Matthew Illustration Innenteil: © ilolab (www.shutterstock.com)

KATALOG

Wir senden Ihnen gern kostenlos unseren Katalog.
Schwarzkopf & Schwarzkopf Verlag GmbH
Kastanienallee 32, 10435 Berlin
Telefon: 030 – 44 33 63 00
Fax: 030 – 44 33 63 044

INTERNET | E-MAIL
www.schwarzkopf-schwarzkopf.de
info@schwarzkopf-schwarzkopf.de